ESPAÑOL EN DIRECTO

NIVEL **2**B

AQUILINO SANCHEZ / M. T. CABRE / J. A. MATILLA

ESPAÑOL EN DIRECTO

NIVEL 2B

SOCIEDAD GENERAL ESPAÑOLA DE LIBRERIA, S.A.

MADRID

Primera edición, 1976
Segunda edición, 1978
Tercera edición, 1982
Cuarta edición, 1985
Quinta edición, 1986
Sexta edición, 1987

Producción:

SGEL-EDUCACION

Marqués de Valdeiglesias, 5. 28004 Madrid

Dibujos: Mary Carmen Vila
Portada: Julián Santamaría

ISBN: 84-7143-094-0
Depósito legal: M. 18.314-1987
Impreso en España - Printed in Spain

Imprime: ANZOS, S. A. - Fuenlabrada (Madrid)

Encuaderna: ARANCHAMAGO

En el *Nivel 1 (1A* y *1B)* de **Español en Directo** se ha logrado un dominio del español fundamental: se han presentado los aspectos estructurales o gramaticales más comunes y principales, se han introducido unas 1.500 palabras referentes a situaciones frecuentes en la vida diaria y, con la orientación general del método y los diferentes medios que se han puesto a disposición del alumno y del profesor, se ha podido alcanzar un nivel aceptable y suficiente del español hablado y escrito dentro de los límites propuestos.

En el *Nivel 2* nos proponemos ampliar esos conocimientos tanto en extensión como en profundidad. Se estudiarán aspectos en ocasiones no presentados en el *Nivel 1* y, más frecuentemente, aspectos que permitirán la comunicación utilizando formas y estructuras más complejas, aunque sin entrar en áreas excesivamente especializadas o técnicas. Para lograr tales fines es preciso ofrecer vocabulario adecuado, aunque también manteniéndonos en términos discretamente generales.

Ambos fines pretendemos alcanzarlos en el *Nivel 2B* mediante:

1. **Lectura.** Se trata de un texto literario o culturalmente referido al mundo hispano que a veces ha sido ligeramente adaptado. En él se ofrecen vocabulario nuevo y estructuras complejas del lenguaje. Los elementos visuales tienen aquí menos importancia que en el *Nivel 1,* dado que el alumno posee ya suficientes elementos para comprender el texto sin tales ayudas.

En la página siguiente se aclaran algunos términos o expresiones contenidas en la lectura y se sugieren dos tipos de ejercicios para comprobar que el texto se ha comprendido correctamente (I y III).

2. **Aspectos gramaticales.** Los aspectos gramaticales siguen presentándose de manera esquemática y se acompañan, cuando es preciso, de explicaciones cortas y claras. Conviene que cualquier explicación de este tipo esté basada siempre en textos reales y, a ser posible, en el texto de la **Lectura.**

A continuación siguen algunos ejercicios prácticos con la única finalidad de aprender y entender, insistiendo, lo expuesto en la página anterior.

3. **Variedades del lenguaje.** Tanto el vocabulario como los formulismos e incluso la ordenación sintáctica de las palabras son susceptibles de variación, de acuerdo con el contenido a que se refiera el texto.

En esta página ofrecemos extractos relativos a las diferentes áreas en las que se ejerce la comunicación. De esta manera el alumno entrará en contacto directo con algunas «variedades del lenguaje».

4. **Amenidades lingüísticas.** La comunicación humana por medio de la lengua está integrada por elementos muy diversos. Las situaciones especiales, a veces amenas e incluso cómicas, servirán para reflejar una faceta importantísima de la vida cultural y lingüística correspondiente al área del español.

5. **Cultura hispánica.** En esta página nos proponemos poner de relieve algunos hechos sobresalientes relacionados con el mundo de habla hispana. Su finalidad es, por tanto, eminentemente de tipo cultural.

La tradición de los toros es muy antigua en España. Entre los monumentos celtibéricos se cuentan, por ejemplo, los famosos «Toros de Guisando»; en las cuevas prehistóricas aparecen también alusiones relativas a este tipo de animales, y la *efigie* del toro está estampada en algunas monedas antiguas. ¿Quiere esto decir que el toro ha estado desde siempre relacionado con lo español?

La bravura y la fiereza son las características que distinguen al *toro de lidia,* y la agresividad que las mismas implican es lo que el torero trata de explotar. Claro que en la actualidad es preciso tener en cuenta que *las castas* se seleccionan ya expresamente de acuerdo con los fines y las intenciones que exige la plaza de toros.

Las corridas de toros no se institucionalizan hasta el siglo XVII. Es sumamente probable, sin embargo, que la figura del torero existiese desde mucho antes. Pero el tipo de hombre que busca burlar la fiereza y combatividad del toro se empieza a formar con mayor fuerza desde el momento en que las corridas pasan a considerarse como un típico espectáculo nacional. El vencer, derribar o inutilizar la agresividad de un toro es un orgullo público para el torero y un orgullo secreto para muchos aficionados.

Hay niños que ya desde su más tierna infancia «juegan al toro». Y son muchos los jóvenes que, estando en el campo, sienten que su afición por el toreo se despierta al ver pasar una *manada de vacas* y quizás entonces empiecen a provocar a los animales agitando ante ellos cualquier pedazo de tela o cualquiera de sus prendas de vestir a modo de capa.

De la misma manera es digno de mención el hecho de que en muchas fiestas populares uno de los entretenimientos consistiese en una imaginaria corrida protagonizada por hombres vestidos de toro... Todo esto no son sino inocentes pasatiempos que los verdaderos aficionados miran con desprecio, pero que bastan para recordarnos que el toro y el torero suscitan una atracción casi espontánea en las clases populares e incluso en ciertos sectores aristocráticos. El gobernador de Tarifa, ciudad del sur de España, solía permitir que en ciertos días del año se dejara un toro en libertad por las calles y la diversión de los habitantes consistía en cerrar las puertas de sus casas y colocarse tras las rejas para contemplar los apuros de los jóvenes incautos o de los forasteros que eran perseguidos por el toro sin tener posibilidad de escapar. *Festejos* similares se pueden presenciar todavía en la actualidad en algunos pueblos y ciudades de España; entre todos ellos destaca el «encierro» de Pamplona durante la fiesta mayor de la capital. Con cierta frecuencia hay que lamentar algunos heridos e incluso muertos en la celebración de tales actos. Pero resultaría muy impopular la abolición de los mismos. Intentos *de este tipo* costaron la popularidad a más de un gobernador y *nos traen a la memoria* hechos como el ocurrido al rey Felipe V, quien, después de haber suprimido la fiesta de los toros por algún tiempo, se vio sorprendido en cierta ocasión por los gritos del *populacho:* «Toros, dadnos toros, señor.» Estos aficionados se preocupaban muy poco de la ruina de la monarquía española en aquel entonces.

Comprensión y léxico

I. Responda:

1. ¿Por qué decimos que la tradición de los toros es muy antigua en España?
2. ¿Conoce algunos indicios históricos concretos?
3. ¿Qué trata de explotar el torero en el toro de lidia?
4. ¿Cuándo se empieza a formar realmente la figura del torero?
5. ¿Cómo se manifiesta en algunos niños y jóvenes la vocación por el toreo?
6. ¿Qué se hacía antes en muchas fiestas populares?
7. ¿Cómo eran considerados estos pasatiempos por los aficionados?
8. La atracción por los toros, ¿es algo propio de las clases populares?
9. ¿Qué ocurría en Tarifa en ciertos días del año?
10. ¿Existe algún festejo similar en la actualidad?

II. Amplíe su vocabulario:

1. *Su efigie:* su figura.
2. *Toro de lidia:* toro utilizado para torear.
3. *Las castas:* las razas.
4. *Juegan al toro:* juegan a torear.
5. *Manada de vacas:* conjunto de vacas.
6. *Festejos:* fiestas.
7. *Nos traen a la memoria:* nos recuerdan.
8. *De este tipo:* de esta clase.
9. *Populacho:* pueblo, plebe.

III. Complete el siguiente resumen:

La tradición torera es .... en España. Existen monumentos ...., como los «Toros de Guisando». Las corridas .... se conocen desde el siglo XVII. El torero trata de .... la fiereza y .... del toro. Algunos niños ya .... jugar .... En algunos pueblos y ciudades de España se permiten ....; entre todos destaca el .... en Pamplona.

Aspectos gramaticales

I. *MUCHOS - OTROS*

Vinieron **OTROS MUCHOS**

MUCHOS OTROS también vinieron.

Llegaron **OTROS** tres

II. *TODO/-S*

Estudié **TODO** el día

TODOS los invitados estaban presentes.

III.

Los **CINCO** estaban en el mismo hotel

Tiene los **ÚLTIMOS** asientos

Tiene el **PRIMER** asiento

Los **CINCO PRIMEROS** números se habían perdido.

Note que *MUCHOS* y *OTROS* pueden alternar su posición en la frase. *TODO/-S,* en cambio, se coloca siempre delante del artículo.

Los números cardinales van siempre detrás del artículo.

Los ordinales también suelen comportarse de la misma manera, excepto cuando van precedidos de un número cardinal.

Prácticas orales

I. *Ordene adecuadamente las palabras que están entre paréntesis:*

1. Llegamos junto con *(cuatro, los, últimos).* —.....................................
2. Existen *(muchas, otras)* clases de toros, — ....
3. Están agotadas *(las, todas)* localidades. —.....................................
4. Estuve estudiando *(el, todo, día).* —.....................................
5. *(Los, todos, invitados)* estuvieron presentes. —.....................................
6. Se fueron *(juntos, todos)* a ver los toros. —.....................................
7. *(Primer, el)* toro pesaba 650 kilos. —.....................................

II. *Responda utilizando «todo», «mucho», «otro» o números:*

1. ¿En qué fila te colocaste? —.....................................
2. ¿Quiénes llegaron a la hora? —.....................................
3. ¿Has asistido a alguna corrida? —.....................................
4. ¿Cuántas veces habéis viajado en avión? —.....................................
5. ¿Se reunieron con ellos más invitados? —.....................................
6. ¿Por qué fueron felicitados por el profesor? —.....................................
7. ¿Qué ha de superar el torero para alcanzar fama? —.....................................

III. *Pregunte utilizando «todo/s», «mucho/s», «otro/s» o números:*

1. Los aquí presentes están casados. —¿.....................................?
2. En el piso viven cinco personas. —¿.....................................?
3. Algunos llegaron tarde a la reunión. —¿.....................................?
4. Dos de los niños no fueron a clase. —¿.....................................?
5. Varias muchachas vieron la corrida. —¿.....................................?
6. Le aplaudieron también algunos enemigos. . —¿.....................................?
7. Después de las cinco todavía entraron tres invitados en la sala.
   —¿.....................................?

Variedades del lenguaje

Para satisfacer a la afición taurina, los periódicos dedican comentarios especiales a la actuación de los toreros.

Parece ser que un presidente generoso, el señor Panagua, *concedió*, además *de las dos orejas,* un rabo a la *faena* de Palomo Linares en la Monumenal de las Ventas.

La Monumental de las Ventas es —o era— una plaza exigente. Por ejemplo, su tradición presumía de que no se amenizaban con música los aciertos de los toreros sobre la arena. Esta tradición se olvidó algunas veces, pero por lo general *la banda* no precisaba hacer horas extraordinarias en ella. Su labor, aparte de amenizar el *paseillo* y otras menudencias, era más bien contemplativa.

Aunque no supo resistir por completo la avalancha de orejas que se precipitó sobre la fiesta taurina, la plaza de las Ventas intentó mostrarse parca en su concesión.

Los *pases naturales* y las «*verónicas*» no siempre fueron premiados con justa economía. Si José y Juan —los inolvidables— *sudaron tinta* para hacerse con los rabos de sus enemigos, el hecho de que cualquier torero los consiguiese con excesiva facilidad atentaba contra la tradicional resistencia en la plaza de las Ventas para conceder triunfos.

Y el señor Panagua, liberal con su pañuelo, ha concedido nada menos que un rabo. Creo que no existen precedentes. ¿A dónde vamos a llegar por este camino?, claman los celadores de la tradición taurina de Madrid. Se empieza por una oreja, se continúa por un rabo, vienen después las patas y se terminará descuartizando al toro y repartiéndolo en pedacitos.

EJERCICIO.—*Analice los términos del texto señalados en cursiva.*

Con frecuencia surgen poetas anónimos y espontáneos que componen «coplas» popularizando a las personas famosas.

La ignorancia, el ingenio espontáneo y la gracia se aprecian en esta «copla a un gran torero»:

COPLAS PARA «EL CORDOBÉS» DE UNA MUJER DE BINÉFAR

El Cordobés en Binéfar
viene a luchar con los toros
a ganarse unas pesetas
y a tener contentos a todos.

Una mujer en Binéfar
le cantará esta canción
porque lo quiere y lo aprecia
y le sale del corazón.

España y el Cordobés
son los dos del mismo estilo
y por eso al Cordobés
lo aprecia mucho el Caudillo.

Me despido de Binéfar
y del Alcalde también,
los señores Concejales,
médicos, secretarios
y los Maestros también,
sin olvidar a los Sres. Curas,
Vds. lo pasen bien.

PAULINA LLANAS

El tema de los toros ha atraído la atención de muchos pintores.

En el presente cuadro, Picasso interpreta con gracia, agilidad y gran encanto, el momento en que el toro se acerca al picador.

EJERCICIO.—*El pintor Goya también ha interpretado el tema de los toros. Infórmese y hable sobre su obra.*

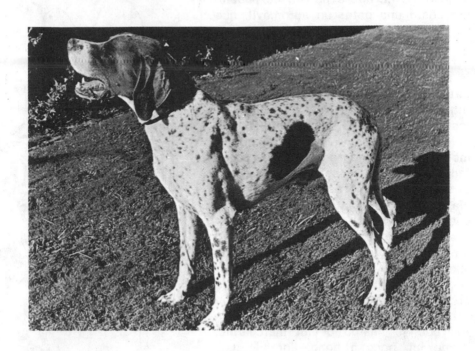

Ya que estamos descansando aquí solos, le voy a contar mi vida en pocas palabras. No habrá habido muchos perros tan desgraciados como yo. Nací en una casa vieja y sucia, en medio del campo. *Nada de particular*, como usted ve. Soy hijo de un galgo y de una perra vagabunda de *pelaje* vulgar, de andar vulgar; eso es todo. Lo que me pasa es que suelo comprender bastante bien al mundo y a los hombres. Y perdone usted la inmodestia. Pero volvamos *a lo que iba.* Un día, siendo todavía pequeñito, me fui hasta la carretera. Yo no tenía aún experiencia de lo que era un automóvil. Y la experiencia de lo que es la velocidad de los coches nos ha costado bastante a los perros. Estábamos, por ejemplo, tendidos en medio de la calle o de un camino; venía un coche de caballos o un carro y nosotros, al verlo venir de lejos, calculábamos el tiempo de que disponíamos para levantarnos sin prisas y dejar el paso libre. Con los automóviles era otra cosa. Apenas los habíamos visto cuando ya *estaban encima* de nosotros. Así que hubo muchas muertes y desgracias antes de que lográramos adquirir una noción clara de lo que era la nueva velocidad. A mí, pobre perrito de pueblo, me costó una pata; un automóvil, que se precipitó velozmente sobre mí, me la magulló. Me quedé cojo.

Mi amo era un *guarda jurado.* *¿Qué le he de decir* a usted de los guardas jurados? Los guardas jurados son los representantes primarios y más violentos de la autoridad. Y de esto sí que tuve yo experiencia desde el primer momento. Sin embargo, a un guarda jurado le debo yo todas mis ideas sobre el mundo, el hombre y la sociedad. Un día salimos al monte el guarda y yo; apenas estuvimos en la montaña, el guarda empezó a tirarme piedras; yo creía que era una broma; pero él seguía apedreándome y me decía que me marchase; yo no comprendía por qué; pero él me dijo que no quería un perro cojo y me tiró otra piedra más grande aún. *Así que* yo mismo decidí marcharme. Y me fui, poco a poco, llorando. Los perros, sí señor, también lloramos. Me fui volviendo de cuando en cuando la cabeza. Me fui a la ciudad, y aquí comenzó la etapa más importante de mi vida.

(AZORÍN, Texto adaptado.)

Comprensión y léxico

I. *Comprensión:*

1. ¿Dónde nació el perro?
2. ¿De quién era hijo?
3. ¿Había tenido una vida feliz?
4. ¿Cómo ve el perro a los coches?
5. ¿Se acostumbraron pronto los perros a la velocidad?
6. ¿Cómo perdió una pata nuestro perro?
7. ¿Quién era su amo?
8. ¿Qué aprendió el perro del guarda jurado?
9. ¿Qué ocurrió el día que subieron juntos al monte?
10. ¿Qué decidió el perro al ver que su amo lo maltrataba?

II. *Ampliación:*

1. *Nada de particular:* nada importante o especial.
2. *Pelaje:* pelo.
3. *A lo que iba:* lo que tenía intención de decir.
4. *Estaban encima de:* se nos acercaban con gran rapidez.
5. *Guarda jurado:* persona que vigila el cumplimiento de la ley de caza.
6. *¿Qué le he de decir?:* ¿Qué le voy a decir...?
7. *Así que:* de manera que.

III. *Analice el siguiente resumen y proponga usted el suyo:*

Un perro cuenta su vida, hablando en primera persona. Habla de su niñez, de cómo un coche de caballos le magulló una pata y de cómo un guarda le hizo irse amenazándole con su escopeta.

....

....

....

Aspectos gramaticales

I. EXPRESIÓN DE DURACIÓN

> Le sorprendí **MIRÁNDOME** a los ojos
> **HABLANDO** se conoce a la gente
> **VINIENDO** de la plaza, perdí el reloj

> El Gerundio expresa duración y puede desempeñar diversas funciones adverbiales en la oración.

II.

> Vamos **CORRIENDO** a la escuela
> Vienen **HABLANDO** a gritos
> Lleva un día **BUSCANDO** empleo
> Me quedé en casa **ESCRIBIENDO**
> Todos empezaron **PIDIENDO** aumento de sueldo

> Los verbos en cursiva, seguidos de gerundio, también expresan duración.

III.

> **SIGUE** enfadado   **SIGUE** estudiando
> **ANDA** preocupado   **ANDA** buscando piso
> **QUEDÓ** arruinado   **QUEDÓ** leyendo un libro

> En las perífrasis verbales durativas puede utilizarse el participio o el gerundio en segundo término, según los casos.
> El uso del participio indica que la acción terminada y fruto de un proceso sigue aún presente.

Prácticas orales

I. *Transforme el verbo en gerundio:*

1. Hablaba *(temblar)* .... de miedo.
2. Se fue *(volver)* .... de cuando en cuando la cabeza.
3. Se pasó toda la tarde *(seguir)* .... al perro.
4. El tren está *(salir)* .... de la estación.
5. ¿Estáis *(corregir)* .... los ejercicios?
6. *(Venir)* .... del cine, perdí mil pesetas.
7. Se quedó *(leer)* .... una novela.

II.

Habla a gritos.	**—Habla gritando.**
(to end up)	
1. Acabó *por* callarse. keep quiet	—...........................
2. *Con lamentaciones* no se arregla nada.	—...........................
3. Se fue *en busca* de fortuna.	—...........................
4. Los mudos se expresan *por señas.* cf. sordo ciego	—...........................
5. Nos esmeramos *en complacer* a nuestros amigos. take great pains	—...........................
6. Acabó *por marcharse* a casa.	—...........................
7. Lo vimos *al bajar* por la escalera.	—...........................

bajar ↓   subir ↗

III.

Está enfadado.	**—Sigue enfadado.**
seguís 1. ¿Estáis preocupados por los exámenes?	—...........................
sigue 2. Está inconsciente *desde hace* dos horas. for	—........................... desde ... hasta
sigo 3. Estoy tan ocupado como siempre.	—...........................
seguía 4. Cuando yo vine aún estaba indispuesto.	—...........................
siguen 5. Están muy asustados por la noticia.	—...........................
seguimos 6. Estamos ofendidos por lo que pasó.	—...........................
sigo 7. Estoy dolido por tu actitud.	—...........................

Novelas del Oeste

Se han hecho muy populares entre el público de menor cultura las llamadas «novelas del Oeste». Tratan de pistoleros y vaqueros del Oeste americano. Su lenguaje es muy peculiar.

CAPITULO II

—¡He dicho que tenga paciencia! —gritó el vaquero—. Mi caballo está inquieto y no quiero que se excite demasiado. Terminaría por arremeter contra esos caballos y matarles a mordiscos. Tiene muy mal genio y no es fácil contenerle si se incomoda demasiado.

Alice reía.

El coche de John se había acercado y éste gritó:

—¡Apártate!... ¡No seas imbécil!...

Trató al decir esto de golpear al jinete con el látigo, pero éste cogió el mismo y tiró fuertemente de él, arrancándolo de las manos de John.

—¡Eres un cobarde, hermano! —dijo el jinete, haciendo que su montura evitase el abordaje del coche de John.

Desde el caballo saltó al pescante en el que iba John y le dio unos cuantos puñetazos, sin dejar a éste que pudiera defenderse.

Las manos de John se movieron y Alice vio que intentaba hacer uso de las armas.

Gritó asustada y John se sintió levantado en vilo y lanzado contra el suelo con violencia.

(M. L. ESTEFANÍA, *Sorpresas en San Francisco*, Barcelona, 1969. Ed. Bruguera.)

El Refranero

Los refranes son un reflejo de la experiencia popular. Para facilitar su memorización suelen ser muy breves. Frecuentemente son difíciles de comprender.

Intento explicar el sentido de los refranes siguientes:

1. No por mucho madrugar amanece más temprano.
2. A quien madruga, Dios le ayuda.
3. A Dios rogando y con el mazo dando.
4. Más vale pájaro en mano que ciento volando.
5. Quien mal anda, mal acaba.
6. Dime con quién andas y te diré quién eres.
7. No dejes para mañana lo que puedas hacer hoy.
8. A buen hambre no hay pan duro.
9. Aunque la mona se vista de seda, mona se queda.
10. A perro flaco, todo son pulgas.

EJERCICIO.—*Cite algún refrán propio de su país y explique su significado.*

1) GUARDIA
- civil
- urbano
- de tráfico
- de escolta

2) POLICÍA
- armada
- secreta
- municipal
- militar

3) GUARDA
- jurado
  - forestal
  - guardabosques
- vigilante

4) SERENO   vigilante nocturno

EJERCICIO.—*Busque en el Diccionario el significado de cada uno de los términos.*

El padre de Miguelito llegaba de *las Américas* y el chiquillo *no cabía de gozo* en su traje de domingo. Miguelito sabía de memoria cómo era su padre, pero antes de salir de casa echó una ojeada al retrato.

«Los americanos» ya estaban desembarcando. Miguelito y su madre aguardaban en el muelle. El corazón del niño latía dentro del pecho con fuerza, y sus ojos [pasaban revista a] la multitud *en busca de* su padre.

De pronto lo divisó de lejos. Era el mismo del retrato o, tal vez, con mejor porte, y Miguelito sintió por él un gran amor; y cuanto más se acercaba el «americano» más deseos le entraban al *chaval* de llenarlo de besos. Pero, ¡ay!, el «americano» *pasó de largo* sin mirar a nadie y Miguelito dejó de quererlo.

Ahora sí. Ahora sí que era. Miguelito vio a otro hombre, muy bien trajeado; el corazón le decía que aquél era su padre. El niño se desvivía por abrazarlo a su gusto. ¡Tenía un porte tan señorial! Pero, ¡ay!, el «americano» pasó de largo sin mirar a nadie, ni tan siquiera se dio cuenta de que lo seguían los ojos angustiados de un niño.

Miguelito escogió, de este modo, muchos padres que no lo eran y a todos los quiso con locura.

Y cuando miraba con más angustia se dio cuenta de que un hombre estaba abrazando a su madre. Era un hombre que no se parecía al del retrato, un hombre muy flaco, *enfundado en* un traje demasiado grande, un *hombre de cera*, con unas orejas desmesuradas, con los ojos hundidos, tosiendo…

Aquél sí que era el padre de Miguelito.

… … … … … … … … … … … … … …

Una calle en un lejano puerto del Norte. Las tabernas están llenas de marineros que echan un aliento caliente de borracho. Gentes de todas razas y castas, cantos *a voz en grito*, música de pianolas desafinadas, un tremendo olor a aceite de freír...

Un marinero que habla francés tropieza con otro que habla inglés, los dos se hacen promesas de profunda amistad, cada uno en su lengua. Y sin entenderse, van caminando juntos, cogidos del brazo, sirviéndose mutuamente de puntales.

El marinero que habla francés y el que habla inglés entran en una taberna regentada por un hombre gordo. Quieren *perder el sentido juntos,* para ser más amigos. ¡Quién sabe si después de estar bien borrachos no terminarán por entenderse!

Y cuando el que habla inglés ya no es capaz de contenerse, comienza a cantar:

> «lanchiña que vas en vela...»

y el que habla francés abre los ojos, se abraza a su compañero y comienza también a cantar:

> «lanchiña que vas en vela...»

los dos marineros eran gallegos.

El tabernero, gordo como un flamenco de casta, vio salir a los dos marineros de la taberna y por su cara colorada rodaron dos lágrimas. Y después cantó melancólicamente para sí:

> «lanchiña que vas en vela...»

También el tabernero era gallego.

(Texto adaptado de CASTELAO, *«Cosas».)*

Comprensión y léxico

I. *Responda:*

1. ¿De dónde venía el padre de Miguelito?
2. ¿Conocía Miguelito a su padre?
3. ¿Estaba Miguelito solo en el muelle?
4. ¿Encontró en seguida a su padre?
5. ¿Se parecía su padre al retrato que tenía en casa?
6. ¿Dónde se desarrolla la escena de la segunda lectura?
7. ¿Se entienden entre sí los dos marineros?
8. ¿Qué hacen para ser más amigos?
9. ¿De dónde son?
10. ¿Cómo es el tabernero?

II. *Amplíe su vocabulario:*

1. *Las Américas:* Nombre que en España se da al conjunto de naciones de Latinoamérica.
2. *No cabía de gozo:* estaba muy contento.
3. *En busca de:* buscando a.
4. *Chaval:* nombre popular equivalente a chico, chiquillo.
5. *Pasar de largo:* pasar por delante de algo o alguien sin prestarle atención.
6. *Enfundado en:* vestido con.
7. *Hombre de cera:* se alude a su palidez.
8. *A voz en grito:* gritando fuertemente.
9. *Perder el sentido juntos:* en el texto, emborracharse.

III. *Complete el siguiente resumen:*

Miguelito esperaba que su padre llegara de las .... y se puso el traje de .... Antes de salir para el muelle echó una .... al retrato de su padre. Pasaron de .... muchos hombres a quienes Miguelito creía su padre, hasta que vio que su madre abrazaba a un hombre de ...., ... en un traje ancho y con los ojos .... Aquél era el padre de Miguelito.

Aspectos gramaticales

Orden	**DES**-orden
Posible	**IM**-posible
Móvil	**IN**-móvil

Los prefijos **DES-** e **IN-** implican negación de lo que sigue.

ANTI- *(oposición)* **CONTRA-**	**ANTI**-clerical **CONTRA**-indicado
EX- *(dirección hacia afuera)*	**EX**terno, **EX**traer
POS, POST- *(posterioridad)*	**POST**venta
PRE- *(anterioridad)*	**PRE**-ver
RE- *(repetición)*	**RE**cuperar
SUB- *(inferioridad, defecto)*	**SUB**consciente

Prácticas orales

I. *Dé los contrarios, añadiendo un prefijo:*

1. Acuerdo ....
2. Unión ....
3. Conocimiento ....
4. Enredar ....
5. Tranquilidad ....
6. Seguridad ....
7. Honor ....
8. Personal ....
9. Oportuno ....
10. Encantar ....
11. Competencia ....
12. Adecuado ...*appropriate*.........
13. Arreglar ....
14. Valuación ....

15. Arreglar *tidy up repair   mess up*
16. Doblar ...*fold   unfold*..........
17. Hacer ....
18. Ventaja ...*advantage*.............
19. Perfección ....
20. Nivel ...*level   inequality*...
21. Decir ...*~ de   to be unworthy / se go back on one's word*...
22. Resistible ....
23. Peinar ...*comb   ruffle*..........
24. Empleo ...*des~*...................
25. Directo ....
26. Exacto ....
27. Dependiente ....
28. Mentir ...*he deny*................

II. *Añada los prefijos convenientes y explique su significado:*

1. Coger .... —............................
2. Portar .... —............................
3. Traer .... —............................
4. Décir .... —............................
5. Poner .... —............................
6. Citar .... —............................
7. Hacer .... —............................
8. Cifrar .... —............................
9. Unir .... —............................
10. Mover .... —............................

Variedades del lenguaje

El bilingüismo como fenómeno social

No hace mucho tiempo, saliendo de Barcelona hacia el sur, recogí a un par de autoestopistas que llevaban consigo unos hatos y unos palos. Los creí colchoneros que iban a trabajar por esos pueblos, pero resultaron ser maletillas, aspirantes a torero que habían venido a buscar una oportunidad en Barcelona, no la habían encontrado y retornaban a Andalucía después de una semana, con el traje en el hato y las banderillas, que yo había confundido con palos de colchonero.

Les pregunté por su impresión de la ciudad y, dentro del natural desbarajuste de opiniones, después de una semana tan ajetreada, vi que algo les había dejado perplejos: «La gente habla de un modo que no se entiende.» Intenté explicarles, en mi castellano de la Universidad de Barcelona, que aquí se habla una lengua distinta a la suya y lo comprendieron en seguida... con su mentalidad de andaluces entre aspiraciones, cortes, seseos y ceceos: «Pero a usted sí la entendemos.» Los dejé en la carretera, cerca de mi pueblo, con el pulgar hacia el Sur y con una idea: el Catalán era algo así como el Andaluz, pero mucho más «cerrao», aunque algunos lo hablasen de una manera comprensible. ¡Oh manes de mi Castellano de la Universidad de Barcelona!

Amenidades lingüísticas

La ropa infantil es un quebradero de cabeza para los padres y una alegría para el comercio. La tela se paga como cinco veces más que la del adulto. Además, los niños crecen y las preciosas ropas no tienen nada para sacar.

EJERCICIO.—*Ponga pie a las siguientes fotografías siguiendo el modelo anterior.*

....

....

....

....

Cultura hispánica

LENGUAS HABLADAS EN ESPAÑA:

— Castellano
— Catalán
— Vascuence
— Gallego

EJERCICIO.—*Describa un país donde coexistan realmente diferentes lenguas y describa la situación socio-lingüística de dicho país.*

4 | *La mujer gitana*

En contra de lo que normalmente se cree, la gitana goza en el seno de la familia «calí» de todo el respeto y admiración que su papel de madre, sobre todo, le otorga.

Lamentablemente, como en otras tantas manifestaciones del mundo gitano, el pueblo «payo» ha dictaminado, sin conocimiento de causa, sobre la figura de la mujer gitana. Así se la ha considerado únicamente como objeto de explotación económica por parte de un marido que no deseaba trabajar.

Nada más lejos de la verdad. Para el hombre gitano, la presencia de la mujer al lado es insustituible. Descansa en ella, ante la imposibilidad diaria de ser él solo quien *saque adelante* a los hijos en un mundo que le es totalmente adverso. Sabe que la gitana es la compañera fiel.

Desde su nacimiento, la niña gitana ya tiene marcado su propio destino: virginidad, matrimonio y continuación de la especie.

La joven gitana atraviesa muy *tempranamente* la frontera de la niñez a la adolescencia. Generalmente, su conocimiento de la vida, el origen de la misma y las relaciones sexuales de los mayores llegan prontamente a su conocimiento debido a la tremenda *promiscuidad* en que generalmente viven todos los miembros de la familia. En el pequeño recinto de una barraca, o bajo un simple techo de lona, viven familias enteras. Sin embargo, la moral gitana, en el aspecto sexual, es altamente severa. Jamás se han dado casos de violaciones entre padres e hijos o entre hermanos; e incluso son muy raros los casos de adulterio.

Esto explica que, para la joven gitana soltera, la conservación de su virginidad hasta el matrimonio sea una de las preocupaciones más importantes.

La vida de la chica «calí» es muy distinta de la de la «paya». Cuando deja de ser niña es vigilada constantemente, no sólo por sus padres y restantes miembros de la familia, sino por toda la comunidad gitana del lugar.

Sólo en grupo, y con participación de familiares, es posible la amistad entre los jóvenes gitanos. Si se ve a una joven hablando repetidas veces con un muchacho, *a los ojos de* la sociedad gitana se habrá establecido entre ellos un compromiso que forzosamente deberá terminar en boda.

Esta falta de libertad personal de la mujer gitana es la causa de que los matrimonios se celebren a temprana edad, cuando las chicas «payas» tan sólo *acaban de dejar las muñecas.*

Concertado el matrimonio —que en la actualidad es un acto libre, personal y de común aceptación entre ambos contrayentes—, el noviazgo suele ser muy corto, debido, una vez más, al hecho de que, no pudiendo verse ambos a solas durante este período, se ven obligados a acelerar la fecha del casamiento.

En la ceremonia de la boda el momento esencial es la comprobación de la virginidad de la joven. La gitana entonces sabe, y hace saber a toda la comunidad, que ha sido fiel a uno de los *mandamientos* más importantes de su raza.

Entre los gitanos, la mujer casada sin hijos no es una mujer completa. Pasa a vivir en casa de sus suegros como una extraña. Hace la vida completamente al servicio de su suegra y guisa en el mismo fuego que ella.

Después del nacimiento del primer hijo, desaparece esta situación y adquiere todos los honores de la mujer gitana plena.

Ahora solamente le quedará un mandamiento que observar: ser siempre fiel a su marido.

(Texto adaptado de J. D. RAMÍREZ, *«Nosotros los gitanos»*, Ed. 29.)

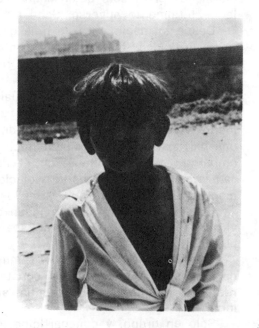

Comprensión y léxico

I. Responda:

1. ¿Goza la mujer gitana de respeto en el seno de la familia «calí»?
2. ¿Cómo ha considerado el pueblo «payo» a la mujer gitana?
3. ¿Es importante la presencia de la mujer para el hombre gitano?
4. ¿Cuál es el destino de la niña gitana ya desde su nacimiento?
5. ¿A qué se debe el paso tan rápido de la niñez a la adolescencia?
6. ¿Son frecuentes los casos de abusos sexuales dentro de la familia gitana?
7. ¿Es importante para la mujer gitana la conservación de su virginidad?
8. ¿Qué tiene de particular la amistad entre los jóvenes gitanos?
9. ¿Por qué se celebran los matrimonios gitanos a tan temprana edad?
10. ¿Cuál es el momento más importante en la celebración de una boda gitana?

II. Amplíe su vocabulario:

1. *«Caló, calí»* (masculino y femenino): de raza gitana.
2. *«Payo, paya»*: de raza no gitana.
3. *Sacar adelante:* criar, mantener, educar a alguien hasta que se hace mayor.
4. *A temprana edad:* a muy corta edad, a los pocos años.
5. *Vivir en promiscuidad:* vivir varias familias mezcladas, padres e hijos, sin intimidad individual.
6. *A los ojos de:* según la opinión de.
7. *Acaban de dejar las muñecas:* dejan de ser niñas.
8. *Mandamiento:* disposición, precepto obligatorio.

III. Critique el contenido del siguiente resumen:

Los gitanos son gente despreocupada por los demás. Cada familia vive en su apartamento y se desentiende de los preceptos de su raza. Las mujeres suelen salir continuamente con hombres distintos, para casarse con uno de ellos.

2

Aspectos gramaticales

I.

> Todo lo QUE dices es mentira.
> ¿Visteis ya la casa DONDE vivíamos antes?
> Aquel a QUIEN saludamos ayer es amigo nuestro.

> Los relativos se refieren siempre a un sustantivo o pronombre antes nombrado al que normalmente se llama antecedente.

II. SUPRESIÓN DEL ANTECEDENTE

> Te daré CUANTO quieras.
> EL QUE avisa no es traidor.
> QUIEN entre el último que cierre la puerta.

> A veces puede suprimirse el antecedente. Para ello podemos utilizar el artículo ante QUE, o bien QUIEN/-ES, y, según los casos, DONDE, CUANDO o CUANTO.

III. CONTRASTE INDICATIVO-SUBJUNTIVO

> Conocemos a una chica QUE **sabe** ruso.
> Buscaremos a una chica QUE **sepa** ruso.
>
> Los que quieran trabajar **pueden** quedarse.
> Los que deseen comer que **vayan** al restaurante.

> Cuando el antecedente es conocido se usa el INDICATIVO.
> Cuando el antecedente no es conocido se usa el SUBJUNTIVO.

IV.

> No conocemos ninguna sala de fiestas que **sea** barata.
> No decía nada que **fuera** interesante.
> ¿Hay alguna persona que **tenga** fuego?

> Cuando negamos el antecedente y también en las frases interrogativas se usa siempre el SUBJUNTIVO.

Prácticas orales

I. Termine las siguientes frases:

1. No veo nada que ....
2. Nadie dijo ninguna palabra que ....
3. No hablamos de ningún tema que ....
4. Nunca oyó nada ....
5. Jamás habíamos visto un perro que ....
6. No conocía ningún gitano que ....
7. No dijo nada que ....

II. Complete, usando el verbo entre paréntesis:

1. Los que *(venir)* .... a mi casa que se traigan el bocadillo.
2. Quien *(llegar)* .... el último, tendrá que pagar una multa.
3. Los que *(estudiar)* ...., aprobarán el examen.
4. El que *(decir)* .... la verdad, no tiene nunca problemas.
5. Quienes lo *(saber)* ...., que me lo digan a mí.
6. La que *(estar)* .... a tu lado, es mi cuñada.
7. Quienes mejor *(vivir)* .... son los gitanos.

III. Suprima el antecedente:

1. No sé *a qué lugar* voy a ir.   .—....................................
2. Hemos oído hablar de *la cantidad de dinero* que gasta.   .—...................
3. No te imaginas *los vasos de vino* que ha bebido.   .—...........................
4. Nunca se acuerda *del día* en que nació.   .—....................................
5. El *coche* que viste no era mío.   .—....................................
6. El *hombre* que avisa no es traidor.   .—....................................
7. Llévate todo *el equipaje* que encuentres.   .—...................................

Variedades del lenguaje

En la presentación de un tema, los informes oficiales suelen prescindir de su poesía o de su humanismo. Dan únicamente listas y datos.

5.3. La práctica religiosa

La práctica religiosa es el fenómeno religioso de mayor ambigüedad. Definirse como muy o poco religioso o creer o no depende, por lo menos directamente, del equipamiento clerical, pero la práctica religiosa sí. Y su significado cultural y social no tiene paralelo en el resto de las expresiones del hecho religioso. Es, además, en tercer lugar, el comportamiento más visible socialmente y más sujeto a presión y control por parte de la sociedad, lo que lo hace especialmente dócil a las características del colectivo social de que se trate.

Nuestros datos nos permiten la siguiente descripción de zonas de religiosidad:

	% de amas de casa asistentes a misa por lo menos los domingos y festivos
Barcelona	57
Andalucía Occidental y Extremadura	67
Valencia	70
Madrid	73
Andalucía Oriental	77
Galicia costera	79
Asturias	81
Centro (sin Madrid)	82
Murcia	85
País Vasco	89
Castilla la Vieja	92
Baleares	92
Resto Cataluña	93
León	95
Aragón	96
Galicia interior	97
Navarra	99
TOTAL	83

Se dibujarían, pues, tres Españas de religiosidad:

1. *Religiosidad elevada:* Toda la franja Norte del país, con la excepción de Galicia costera, Asturias y Barcelona ciudad (tres núcleos fuertemente proletarios). El cumplimiento dominical declarado es desde el 89 por 100 (*País Vasco*, con toda seguridad por la zona industrial de Bilbao) hasta el 99 por 100 de Navarra.

2. *Religiosidad media:* El Centro, Asturias y Murcia. La tasa de cumplimiento dominical se halla prácticamente entre el 80 y 90 por 100.

3. *Religiosidad débil:* Toda la franja Sur, los «islotes» costeros de Galicia y Valencia y las dos metrópolis españolas. La tasa va desde el 57 por 100 de Barcelona hasta el 77 por 100 de Andalucía Oriental. Coincide con la «España de izquierdas» a lo largo de un siglo de historia.

(Informe FOESSA, 1970.)

El Diccionario y los gitanos

---

gitanada; gitanamente; gitanear; gitane-ría; gitanesco, -a; gitanismo. V. bajo «GITANO».

gitano, -a. (Problablem., de «egiptano», de Egipto; por declararse los gitanos originarios de ese país.) ① (adj. y n.). Se aplica a los individuos de cierto pueblo errante esparcido por el mundo y a sus cosas; tienen características raciales y costumbres que los mantienen inconfundibles con los naturales de cada país; se dedican a oficios típicos como son la cestería y el tráfico de caballerías; a veces cantan, bailan o dan otros espectáculos callejeros, y las mujeres echan la buenaventura; en algunos sitios de España viven establemente; especialmente en Andalucía, donde están muy mezclados con el elemento popular. ⊙ En masculino plural, ese pueblo. (V.: «BOHEMIO, CALÉ, CAÑÍ, CÍNGARO *egiptano*, FLAMENCO. ⤷ CONDE. ⤷ CALÓ, GERMANÍA. ⤷ CANTE flamenco, CANTE jondo. ⤷ ADUAR. ⤷ AGITANADO».) ② (adj. y n. calif.). Se aplica cariñosamente a una persona, especialmente a niños o mujeres, que tiene gracia para *atraerse la voluntad de otros. ⊙ También se dirige a las mujeres como *requiebro. ③ *Egipcio*.
QUE NO SE LO SALTA UN GITANO (inf.). Frase con que se pondera lo buena, grande o *extraordinaria en cualquier aspecto que es una cosa.

gitanada. ① Acción propia de gitanos: *engaño o acción desaprensiva. ② «*Zalamería». Halago o caricia con que se conquista o pretende conquistar a alguien.

gitanamente. Con gitanería.

gitanear. Hacer cosas con gitanería: con engaño o con halagos.

gitanería (laudatorio o desp.). ① Cualidad de gitano. ② Gitanada.

gitanesco, -a. Como de gitanos.

gitanismo. ① Manera de vivir, costumbres, etc., de los gitanos. ② Expresión o giro propia del habla de los gitanos. ③ Gitanería.

(MARÍA MOLINER, *Diccionario de uso del español*, Gredos, 1973.)

En la noche del huerto
seis gitanas
vestidas de blanco
bailan.
(...)

Huye, luna, luna, luna.
Si vinieran los gitanos
harían con tu corazón
collares y anillos blancos.

¡Oh ciudad de los gitanos!
La Guardia Civil se aleja
por un túnel de silencio
mientras las llamas te cercan.

Sobre el rostro del aljibe
se mecía la gitana,
verde carne, pelo verde
con ojos de fría plata.

FEDERICO GARCÍA LORCA, poeta español del siglo XX, presenta el tema de los gitanos de una manera mítica, como uno de los ingredientes fundamentales de la caracteriología de Andalucía. Hace hincapié en el tema ya tradicional de la Guardia Civil persiguiendo a los gitanos.

EJERCICIO.—*Busque en un Diccionario de Autores a García Lorca; lea alguna de sus obras e intente determinar su importancia en la Literatura Española.*

El *piropo* es una costumbre que a los españoles les parece normal y lógica y que para los extranjeros es inexplicable.

Lo que sí es cierto es que se trata de algo típicamente español.

Las clases de piropos son muchas y muy variadas y reúnen diferentes matices; pero *en el fondo* apuntan siempre a lo mismo: descripción, en voz alta, de los efectos que una mujer causa en el hombre, e insinuación de lo que el hombre estaría dispuesto a *llevar a cabo* con la mujer.

Por regla general, los piropos no se echan a personas conocidas, sino a mujeres desconocidas; mujeres que, a su vez, en la mayoría de los casos, no sienten el menor interés por establecer ningún tipo de relación. Esta indiferencia, no obstante, tampoco preocupa al piropeador. Éste ha lanzado su exclamación ardorosa y aparentemente apasionada como cumpliendo con un deber innato. Por una parte se cree en la obligación de sublimar los deseos que en él despierta la mujer; por otra, mostrar a sus compañeros que él es «*muy hombre*» y que sería capaz de demostrarlo. Cumplido lo cual, puede seguir la conversación anterior como si nada hubiese pasado.

Muchas extranjeras, que entienden el *piropo callejero*, consideran que lo más humillante de esta declaración es precisamente la facilidad con que el piropeador distrae inmediatamente su atención. Es cierto. Pero esto no es sino uno de los elementos que exige el piropo a quien lo dice.

Eugenio d'Ors define el piropo como un «*madrigal* de urgencia». Es

VALE MÁS
TU SALERO ANDANDO
QUE UN TORERO
TOREANDO

una definición bonita, pero inexacta. Ello equivaldría a pensar que todo español se convierte en trovador de palabras bellas *al paso de* una mujer, cosa que dista mucho de la realidad.

Algunos piropos son *de mal gusto,* incluso groseros y poco halagadores para la mujer a quien van dirigidos. No es fácil encontrar piropos tan bonitos y originales como el del poeta Antonio Machado:

> «Tu garganta, niña,
> es tan clara y bella
> que el agua que bebes
> se ve por ella.»

(Adaptado de F. DÍAZ PLAJA, *«El español y los siete pecados capitales».)*

Comprensión y léxico

I. *Responda:*

1. ¿Es el piropo una costumbre de todos los países del mundo?
2. ¿Cuál es la finalidad fundamental del piropo?
3. ¿A qué clase de personas se suelen echar piropos?
4. ¿Cómo reacciona normalmente la mujer ante el piropo?
5. ¿Echa piropos el hombre cuando está solo?
6. ¿Es el piropo un simple pasatiempo para el piropeador?
7. ¿Cómo reaccionan muchas mujeres extranjeras?
8. ¿Conoce usted algún elemento característico del piropo?
9. ¿Por qué es inexacta la definición de Eugenio d'Ors sobre el piropo?
10. ¿Son todos los piropos de buen gusto?

II. *Amplíe su vocabulario:*

1. *Piropo:* declaración, en voz alta, que se dirige a una mujer.
2. *En el fondo:* en realidad.
3. *Llevar a cabo:* realizar.
4. *Muy hombre:* en sentido predominantemente relacionado con la potencia sexual.
5. *Piropo callejero:* que se acostumbra a decir por la calle.
6. *Al paso de:* cuando pasa.
7. *De mal gusto:* poco finos o corteses; desagradables.
8. *Madrigal:* composición lírica breve de carácter amoroso.

III. *Explique en qué aspectos el siguiente resumen no es correcto:*

El piropo es algo típicamente español, que no agrada a los extranjeros. El piropo consiste en una alabanza de las cualidades de la mujer y hace que ésta establezca inmediatamente relación con el piropeador. El que echa un piropo se concentra en la declaración que hace, porque, por regla general, se trata de una mujer desconocida.

Aspectos gramaticales

I.

$$
\begin{array}{l}
\text{LO} + \text{QUE} + \quad \text{Frase} \\[1.2em]
\text{LO} + \text{DE} \ + \left\{
\begin{array}{l}
\text{Adverbio} \\[1em]
\text{Nombre}
\end{array}
\right.
\end{array}
$$

Ejemplos: Te daré **LO QUE** quieras.
LO QUE dices es cierto.

Hace **LO DE** siempre.
Come **LO DE** la nevera.

La partícula LO hace referencia a algo tomado globalmente.

II.

No sabe **LO QUE** es bueno.

Está enterado **DE LO QUE** dices.

Estoy seguro **DE LO DE** tu hermano.

· Ten cuidado **CON LO QUE** hablas.

Estoy a tu disposición **PARA LO QUE** gustes.

Estoy a tu disposición **PARA LO DE** mañana.

Las formas LO + QUE y LO + DE pueden ir precedidas por diversas preposiciones: *de, con, por, para...*

Prácticas orales

I.

| **Lo que vi ayer fue maravilloso.** | **.—Lo de ayer fue maravilloso.** |

1. Lo que dijo sobre el piropo no es cierto.   .—...................................
2. Lo que hicieron en Londres fue un error.   .—...................................
3. Lo que expuso Luis no me gustó nada.   .—...................................
4. Repitió lo que siempre había dicho.   .—...................................
5. Lo que compraste en la plaza era muy caro.   .—...................................
6. Lo que dijeron los niños no tiene importancia.   .—...................................
7. Lo que me trajeron el lunes me gustó mucho.   .—...................................

II. *Responda utilizando una preposición + «lo que»:*

1. ¿De qué hablaba María?   .—...................................
2. ¿Para qué sirve esta máquina?   .—...................................
3. ¿A qué te vas a dedicar?   .—...................................
4. ¿Con qué no estáis de acuerdo?   .—...................................
5. ¿Para qué han venido?   .—...................................
6. ¿Con qué lo has hecho?   .—...................................
7. ¿De qué se preocupa tanto Carmen?   .—...................................

III.

| **Ya sé a qué te refieres.** | **.—Ya sé a lo que te refieres.** |

1. ¿Sabes de qué hablamos?   .—...................................
2. Ignoro a qué venís.   .—...................................
3. ¿Sabéis de qué se trata?   .—...................................
4. ¿Puedo saber qué estáis haciendo?   .—...................................
5. No sabemos qué le pasa.   .—...................................
6. No sé a qué habéis venido.   .—...................................
7. Me gustaría saber en qué piensas.   .—...................................

Las ensaladas

En España —y en la vecina Francia— existe la tradición que asevera que las ensaladas nos vinieron de Italia, tradición que parece justificada por el hecho de que la «insalata» se ha consumido siempre y se consume en Italia como en ningún país europeo y que la palabra española que aparece por vez primera en 1495 parece venir del vocablo toscano.

Pero, sea como fuere, la costumbre de comer hierbas y hortalizas crudas es mucho más antigua. Se lamentan los hebreos, hartos del monótono maná, en el desierto alejándose de Egipto: «Cómo nos acordamos de tanto pescado como comíamos en Egipto, de los melones, los cohombros, de las lechugas, las cebollas, de los ajos» (Números, 11, 5/6).

Asimismo, 550 años antes de Jesucristo, aparece la lechuga cultivada en la mesa de los reyes de Persia. Los romanos fueron golosos de las ensaladas y el célebre «moretum» era una especie de ensalada al queso en la que aparecían, pasados por el mortero, apio, cebolla y la ruda con el queso de oveja. Era una ensalada muy fácil de llevar en el zurrón, que daba fuerza y virilidad en el sentido genésico. Las ensaladas, ignoradas en la Edad Media, retornan en la época del Renacimiento en Francia y en España a través de Italia.

EJERCICIO.—*Describa una ensalada:*

Amenidades lingüísticas

Si es cierto que el hombre puede definirse como un «animal que ríe», no es menos cierto que la risa viene provocada por situaciones cómicas. El carácter español tiene fama de vivaz y despierto, así como de una notable agilidad de mente para decir y entender chistes. No obstante, el sentido del humor es muy propio de cada pueblo.

Compare el chiste siguiente con los que usted conoce.

—Telefónica. Averías. Diga.
—Nada..., nada...
—Si no es nada, ¿por qué llama?
—Nada el teléfono por la habitación...

EJERCICIO.—*Explíquelo a sus compañeros.*

Lo que el español puede decir a la mujer que ama:

—«Cariño».

—«Ratoncito mío».

—«Amor mío».

—«Querida».

—«Gatita».

—«Cielo».

—«Reina».

—«Chata».

—«Corazón» (en México, «corazoncito»).

Algunos piropos que aún se oyen por la calle:

—¡Qué primaveras más bien puestas!

—Por ti pediría yo hasta el divorcio, morena.

—Vales tú más duros que la Giralda de Sevilla.

—Pisa fuerte, preciosa, que paga el Ayuntamiento.

EJERCICIO.—*¿Conoce usted algún otro piropo?*

6 | La ciudad de Toledo

Toledo era y continúa siendo la ciudad que ofrece el conjunto más *acabado* y característico de todo lo que ha sido la tierra y la civilización típicamente españolas. En otras palabras, es el resumen más intenso, brillante y sugestivo de la historia patria.

Toledo expresa de un modo casi perfecto la compenetración de los dos elementos capitales de la cultura nacional: el elemento cristiano y el elemento árabe, unión típica que caracteriza *en la esfera del arte* también a España. Ninguna otra ciudad de la península posee en tan alto grado la inagotable serie de monumentos arquitectónicos que hacen de ella un museo donde es posible investigar los rasgos originales del arte español en todas las épocas. En ninguna otra capital llegó a acumularse tan enorme masa de *joyas artísticas* de la Edad Media y del Renacimiento: ésta es la muestra más patente del ambiente de inspiración artística que allí debió respirarse en aquellos tiempos.

Es difícil encontrar ciudad más pintoresca que Toledo; a una excepcional situación geográfica —áspera y apretada roca de granito ceñida por el profundo caudal del río Tajo— se une el espectáculo de civilizaciones cuyos restos siguen conviviendo formando innumerables iglesias y conventos, viviendas góticas, mudéjares y platerescas, empinados y estrechos callejones moriscos, cuadro real, casi vivo y casi intacto, de un pueblo donde cada piedra recuerda culturas pasadas. Y todo ello en

medio de un paisaje que resume en sí los *accidentes geográficos* más característicos de las altas mesetas castellanas: la llanura y la sierra. Una vasta, despoblada y árida llanura, en la que alterna la estepa con la roja *tierra de labor* modelada por los cerros grises y suavemente *surcada* por el río, y una arcaica sierra con sus encinas, su tomillo y romero, sus colmenares y sus huertas de frutales en las laderas soleadas; sierra que el Tajo rompe bruscamente formando alrededor de Toledo una de las *hoces* más tremendas del relieve de la Península.

No existen en Toledo *barrios* aislados en los que el visitante pueda, a su gusto, evocar una determinada y única época histórica. Limitada *naturalmente* por la *garganta* del Tajo y por el escarpado que la separa de la vega, la ciudad se ha desarrollado desde tiempo inmemorial en el interior del mismo recinto que la encierra todavía hoy.

Hacia 1575 llegó a Tcledo un pintor cretense que ya en Roma se había iniciado en el uso del color y la forma: Domenico Theotocopuli, «El Gre-

co». La personalidad de este extraordinario pintor dio en esta ciudad de Castilla los mejores frutos. El Greco vivió en Toledo hasta el final de sus días en un ambiente de espiritualidad y refinamiento dentro de una intensa tradición milenaria. Gracias a Toledo, a sus iglesias tranquilas y recogidas, a los oratorios escondidos en los numerosos conventos de la ciudad, el artista pintó sus mejores obras. Aunque algunas de ellas figuran en los primeros museos del mundo, la mayor parte se conservan en Toledo y, a veces, incluso en el mismo lugar en que el autor las colocó. La ciudad entera es un inmenso museo consagrado al Greco, y, a la vez, el monumento más preciado dedicado a su genio excepcional.

Comprensión y léxico

I. *Responda:*

1. ¿Cómo se caracteriza en el texto la ciudad de Toledo?
2. ¿Cuáles son los dos elementos más importantes de su cultura?
3. ¿Hay alguna otra capital española que pueda compararse con Toledo?
4. ¿Cuáles son los aspectos geográficos más importantes de Toledo?
5. ¿Cómo son sus llanuras?
6. ¿Qué significado tiene el río Tajo para Toledo?
7. ¿Vivió siempre el Greco en Toledo?
8. ¿Cómo era el ambiente espiritual en el que vivía el Greco?
9. ¿En qué se basó para pintar sus mejores obras?
10. ¿Dónde se conservan la mayor parte de sus pinturas?

II. *Amplíe su vocabulario:*

1. *Acabado:* perfecto, completo.
2. *En la esfera del arte:* en el campo o área del arte.
3. *Joyas artísticas:* obras de arte de gran mérito o valor.
4. *Accidentes geográficos:* relieve geográfico.
5. *Tierra de labor:* tierra dedicada a la agricultura.
6. *Surcada:* atravesada, marcada por (de surco, surcar).
7. *Hoces:* pasos estrechos entre dos montañas.
8. *Barrios:* núcleos generalmente periféricos en torno a la ciudad.
9. *Garganta:* curso profundo, entre rocas erosionadas, por donde pasa el río.
10. *Naturalmente:* por la naturaleza.

III. *Complete según la lectura anterior:*

1. Toledo era y es ....
2. En Toledo se vive un ambiente ....
3. Cada piedra de Toledo recuerda ....
4. Hacia 1575 llegó a Toledo ....
5. La ciudad entera es un museo ....

Aspectos gramaticales

I.

a) Hay dos cartas sobre la mesa. ⎰ ¿**CUÁL** es la tuya?
⎱ ¿**CUÁL** es la de tu familia?

b) _____ ⎰ ¿**QUÉ** es una feria?
⎱ ¿**QUÉ** significan esos dibujos?

«*CUÁL*» implica una selección entre cosas o hechos diferentes.
«*QUÉ*» se refiere a una sola realidad u objeto o a un conjunto de cosas
tomadas como una unidad.

II.

Se quedó en la casa *DONDE* vivía.
Se quedó en la casa *EN QUE* vivía.
Se quedó en la casa *EN LA QUE* vivía.

Caminó hacia *DONDE* le señalaba la luz.
Caminó hacia *el lugar QUE* le señalaba la luz.

Llega de *DONDE* todos sabemos.
Llega *del lugar QUE* todos sabemos.

«*DONDE*» puede desempeñar funciones de relativo e ir precedido de preposiciones (a, hasta, por, de, hacia, ...).

III.

¿**QUIÉN** lo dijo? / **QUIEN** lo diga es un mentiroso.
Es el niño **A QUIEN** hablaste.
Es la joven **POR QUIEN** preguntaste.
Es la persona **DE QUIEN** me hablaron.

«*QUIEN*» hace siempre referencia a personas y va precedido de preposición, a no ser que sea sujeto de la frase.

Prácticas orales

I. *Utilice «QUÉ» o «CUÁL»:*

1. ¿.............. es lo que tienes en la mano?
2. ¿.............. de las dos ciudades te gustó más?
3. ¿.............. son esos objetos negros que se ven a lo lejos?
4. ¿.............. vas a hacer esta tarde?
5. ¿.............. es el cuadro del Greco que más te gusta?
6. ¿.............. tiene Toledo de pintoresco?
7. ¿.............. significado tiene para ti esta pintura?

II. *Utilice «DONDE» precedido de preposición, si es necesario:*

1. La nación .... viven es poco atractiva.
2. Ya sabían .... se alojaban sus amigos.
3. Atravesaron el parque .... tú les habías enseñado.
4. .... las dejaste, las encontrarás.
5. Siempre te encuentran .... nadie te ha buscado.
6. No vayas .... no te gusta.
7. Los conquistadores llegaron .... pudieron.

III. *Utilice «QUE» o «QUIEN», precedidas de preposición cuando convenga:*

1. Es la misma persona .... vimos ayer.
2. Los señores .... invité no llegaron.
3. Éste es el colegio .... estudia María.
4. Aún no nos hemos enterado .... te lo dijo.
5. ¿Has visto el coche .... me regalaron?
6. Nos reunimos .... no debíamos habernos reunido.
7. .... lo sepa que lo diga.

Variedades del lenguaje

Informe médico

«El que cura a sus semejantes hace una obra divina», dijo Hipócrates hace más de veinte siglos. Dos mil años después podemos decir: «el que cura un cáncer hace una obra de humanidad, una gran obra», ya que el cáncer constituye actualmente uno de los mayores azotes de la humanidad. Por ocupar el segundo lugar, después de las enfermedades cardio-vasculares, en la mortalidad global de los países desarrollados, y por desconocerse actualmente su causa real, el cáncer es temido en todo el mundo, evocando palabras de guerra y rebelión al ser llamado «un invasor», o «el asesino más prolífico del siglo», o «un enemigo que no tiene plan, ideología o lógica, sino solamente una fuerza destructiva y galopante».

La gran tasa de mortalidad que produce el cáncer hace que esta enfermedad constituya un problema social importantísimo contra el cual debemos de luchar todos los sectores sociales de la población, los oficiales y los particulares, los médicos y los no médicos. Sabiendo, como sabemos, que la morbilidad y mortalidad cancerosas crecen a medida que los países se desarrollan social, económica y culturalmente, hay que pensar que la lógica aspiración de cada pueblo de elevar su nivel tiene la contrapartida de una mayor incidencia de cáncer. Ante esta mayor frecuencia que se origina con el desarrollo, es tarea de todos luchar contra ella, ya que la salud no debe ser más un privilegio, sino un derecho social y humano de todas las personas.

Amenidades lingüísticas

El cine ha sido definido por algunos como el «séptimo arte». Dada la importancia que actualmente ha cobrado y sigue cobrando, los periódicos suelen dedicar un espacio a la crítica cinematográfica.

"LA MUJER CON BOTAS ROJAS"

Director: *Juan Luis Buñuel.*—Principales intérpretes: *Catherine Deneuve, Fernando Rey, José Sacristán, Jacques Weber, Emma Cohen* y *Laura Beti.*—Technicolor.

El joven cineísta Juan Luis Buñuel, que en la técnica es un perfecto discípulo del autor de sus días, no ha seguido a éste en las tendencias sociales ni en la intención política. Ajeno a ese mundo en el que hierven cada vez más intensamente las pasiones, Juan Luis Buñuel es un entusiasta cultivador del cine fantástico. Lo que cuenta para él es el misterio, la fantasía, la alucinación, la fantasmagoría... Y este filme que nos presenta ahora —su segunda realización de gran aliento— nos da un ejemplo de ello.

Toda la trama es como una gran parábola sobre el bien y el mal, simbolizados en dos figuras antagónicas. De un lado un hombre ya maduro, que podría ser una especie de materialización demoníaca, y de otro, una mujer bonita, rubia, casi alada, que es todo lo contrario. Las vivencias en las que sus vidas se entrecruzan son oscuras, confusas, deliberadamente llenas de inconexiones y de vaguedades. El espectador puede formularse con relación a ellas muchas interrogaciones a las que el filme no da nunca una respuesta clara. Todo se desenvuelve en una atmósfera de irrealidad y de alucinación, a la que es posible dar las réplicas que la imaginación sugiera a cada uno.

Este «climax» de misterio y de intriga no crea, en cambio, emoción. A lo más, un vago interés expectativo, que a la postre se va diluyendo evanescentemente.

(La Vanguardia Española.)

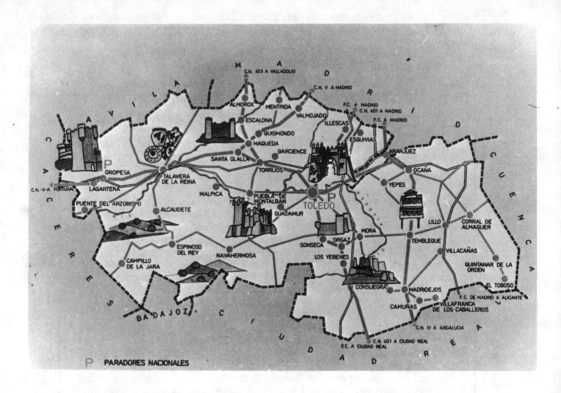

Plano de la provincia de Toledo, con monumentos.

Cuando los españoles desembarcaron por vez primera en las costas de América debieron pensar que desembarcaban en otro planeta: todo era allí diferente de cuanto ellos habían visto. Encontraron nuevas variedades de plantas, especies de animales desconocidas, y hasta el hombre que dominaba en este continente era diferente, tanto por el color de su piel como por el lenguaje, las instituciones y las creencias. Con razón lo llamaron el Nuevo Mundo.

Cuando más tarde Francisco Pizarro, uno de los grandes conquistadores, se enfrentó al Imperio Inca en busca del oro del cual había oído hablar, apenas si podía sospechar que se encontraría con un sistema de instituciones tan extraordinario. *Resultaba difícil* creer que *hubieran estado alguna vez en vigor* en un imperio tan extenso y durante tantos años. Los impuestos que los incas debían soportar eran bastante pesados. Las clases populares estaban obligadas a trabajar, no solamente para subsistir, sino también para mantener a las demás clases del estado. *Los miembros de la casa real,* los grandes señores, e incluso los *funcionarios públicos* y el cuerpo sacerdotal, que era muy numeroso, estaban exentos de tasas e impuestos. Claro que hay que tener en cuenta que esta situación no era muy diferente de la que existía en otro tiempo en la mayor parte de Europa. Lo peor para un peruano era que no podía aumentar sus posesiones en lo más mínimo ni podía *abrigar la esperanza* de ascender él o sus hijos en la escala social. El estímulo derivado de la capacidad y trabajo personales, la perspectiva de mejorar la propia suerte no existían para el peruano; como había nacido, así debía morir. Ni siquiera podía considerar como propiedad privada su propio tiempo. Puesto que la moneda no existía, debía pagar sus impuestos en trabajo. No es extraño que el gobierno castigase la pereza como un crimen: era un crimen contra el estado, y perder el tiempo era, en cierto modo, robar al *tesoro público.*

Pero éste es el aspecto más sombrío del cuadro social; porque si bien es cierto que nadie en el Imperio de los Incas podía prosperar, también es cierto que nadie podía empobrecerse. Ningún derrochador podía dilapidar su herencia en gastos extravagantes o arruinar a su familia con proyectos temerarios. La ley tendía a favorecer el trabajo y la prudencia en los negocios. No se toleraba la mendicidad y cuando un hombre *se veía afectado de* pobreza o mala suerte, la ley le socorría; no con el socorro que puede proporcionar la caridad privada, sino con las ayudas generales del Estado que no humillan a quien es objeto de ellas y son suficientes para ponerlo al mismo nivel que sus conciudadanos.

En el Perú no había ni ricos ni pobres, pero todos podían gozar de un bienestar suficiente. La ambición, la avaricia, el deseo de cambios y otras pasiones semejantes *no tenían cabida* en el corazón del peruano. La misma condición de su existencia parecía opuesta a todo cambio. Los Incas se habían propuesto la tarea de conseguir para sus súbditos un espíritu de obediencia y tranquilidad: la conformidad total en el orden de cosas establecido. Y lo lograron. Los primeros españoles que visitaron el país atestiguan que ningún otro gobierno hubiera sido más apropiado al espíritu de sus habitantes, y que ningún otro pueblo hubiera parecido más contento con su suerte ni más fiel a su gobierno que los incas.

Comprensión y léxico

I. Responda:

1. ¿Qué pensaron los españoles cuando desembarcaron por primera vez en América?
2. ¿Qué encontraron en el Nuevo Mundo?
3. ¿Qué buscaba Francisco Pizarro en el Imperio Inca?
4. ¿Cómo estaba organizado el sistema de clases entre los incas?
5. ¿Quiénes estaban exentos de tasas?
6. ¿Tenía el peruano posibilidad de ascender en la escala social?
7. ¿Estaba permitida la pereza o el ocio entre los peruanos?
8. ¿Cómo era solucionado el estado de pobreza entre los incas?
9. ¿Cuál era el espíritu que se habían propuesto conseguir los incas?
10. ¿Cuáles fueron los comentarios de los primeros españoles que visitaron el país?

II. Amplíe su vocabulario:

1. *Resulta difícil:* es difícil.
2. *Hayan estado... en vigor:* hayan existido, hayan sido puestos en práctica.
3. *Los miembros de la casa real:* las personas que viven en o componen la casa del rey.
4. *Funcionario público:* persona que desempeña una función al servicio del Estado.
5. *Abrigar la esperanza:* tener la esperanza.
6. *Tesoro público:* tesoro o reservas de dinero de la nación.
7. *Se veía afectado de:* se encontraba en situación de (pobreza).
8. *No tenían cabida:* no tenían lugar, no podían existir en.

III. Complete según la lectura anterior:

1. Los españoles que desembarcaron en América ....
2. Los impuestos los pagaban sólo ....
3. La idea de mejorar la vida personal en el Imperio Inca ....
4. Ningún derrochador podía ....
5. Ningún otro gobierno hubiera sido ....

Aspectos gramaticales

	INDICATIVO	SUBJUNTIVO
	Algo que ha ocurrido, ocurre o suele ocurrir con regularidad	*Algo que no ha ocurrido aún*
CUANDO *HASTA QUE* *TAN PRONTO COMO* *EN CUANTO*	Habla **HASTA QUE** se cansa Lo dice **EN CUANTO** lo sabe	Hablará **HASTA QUE** se canse Lo dirá **EN CUANTO** lo sepa
	Algo conocido o sabido	*Algo no conocido o sabido*
COMO *SEGÚN* *DONDE*	**COMO** viene en coche, no necesita billete **SEGÚN** lo aprende, así lo dice	**COMO** no estudies, no irás de vacaciones **SEGÚN** lo aprenda, así lo dirá
	Algo que se admite como verdad	*Algo que no se admite como verdad o posible*
AUNQUE	**AUNQUE** viene a casa cada día, nunca lo veo	**AUNQUE** venga a casa cada día, nunca lo veré **AUNQUE** viniera a casa cada día, nunca lo vería

Prácticas orales

I. *Responda utilizando el Indicativo o Subjuntivo con la partícula señalada en la pregunta:*

1. *¿Cuándo* vendrá María?   .—.....................................
2. *¿Hasta cuándo* vas a seguir estudiando?   .—.....................................
3. *¿Cómo* quiere que trabaje?   .—.....................................
4. *¿Desde cuándo* paga el alquiler?   .—.....................................
5. *¿Para qué* dice eso?   .—.....................................
6. ¿Irás al cine *aunque* llueva?   .—.....................................
7. *¿Cuándo* nos hablarás de los incas?   .—.....................................

II.

Lo compré en cuanto lo vi.   **.—Lo compraré en cuanto lo vea.**

1. Visité a Pepe, aunque no quería verme.   .—.....................................
2. Lo vieron cuando fue al cine.   .—.....................................
3. Aunque quiere hacerlo, no puede.   .—.....................................
4. Según me dices, lo hago.   .—.....................................
5. Aunque eres tímido, vales para vender.   .—.....................................
6. En cuanto llegas, todos nos alegramos.   .—.....................................
7. En cuanto la vi, me enamoré de ella.   .—.....................................

III.

El ir al campo no soluciona nada.   **.—El hecho de que vayan al campo no soluciona nada.**

1. El llover no te impide salir.   .—.....................................
2. El fumar no facilita las cosas.   .—.....................................
3. El usar coche permite mayor movilidad.   .—.....................................
4. El enfadarte no te soluciona nada.   .—.....................................
5. El venir a verme me agrada.   .—.....................................
6. El andar a pie no cura vuestra enfermedad.   .—.....................................
7. El hacer deporte ayudará a manteneros en forma.   .—.....................................

Variedades del lenguaje

El ir bien o mal «disfrazada» o vestida siempre ha preocupado a la mujer. Fruto de esa preocupación son las modas. Alrededor de las modas se ha montado un poderoso mundo de intereses económicos. Y sobre la moda de cada temporada escriben con frecuencia los entendidos.

«Estoy harta de tener cosas que luego no llevo y lo único que hacen es ocupar sitio en los armarios. ¿Para qué, si resuelvo la temporada con un par de conjuntos, que son los que no puedo quitarme de encima?»

Somos muchas las mujeres que deseamos los trajes fáciles y naturales, sin querer decir con ello que votemos por la eliminación de la fantasía. Al contrario. Un indumento puede ser muy ágil y muy imaginativo. Y hasta implicar una óptica de cierta extrañeza para aquellas que no se sientan a gusto dentro de lo clásico. Pero buscando fórmulas que no aumenten todavía las palpitaciones de la maratón que todos llevamos contra el reloj. Y que no exijan una doncella para ayudar a vestirse, porque esa circunstancia cada vez es más minoritaria y disfrutada sólo por raras privilegiadas. Y me explicaré con algunos ejemplos concretos, por si el asunto en líneas generales no queda suficientemente claro.

Los trajes que se abrochan por detrás son fatídicos a la hora de ponerlos y quitarlos. Los cortes al bies, peligrosísimos, porque se arrugan en el armario. Y la ausencia de bolsillos resulta muy incómoda para la mujer que por causa de su profesión ha de llevar siempre algo en la mano: un bolígrafo, una libretita, unas tijeras, un rotulador, etc., aparte del inevitable pañuelo, imprescindible sobre todo en invierno. Pues bien: en las colecciones de Rovira suelen abundar los abrochados delanteros, los bolsillos y los cortes al hilo, que este año se han combinado con las sisas anchas, las mangas japonesas y los sabios arrugados en las corrientes que va marcando la moda. Tan interesantes como sus modelos de alta costura, me han parecido los de su línea de punto, especial «boutique» y alta confección, en un empeño de ampliación y democratización de clientela: guardando siempre y en todo momento los cánones de la proporción y la nobleza que distinguen a este diseñador de finas calidades. Ha procurado usar tejidos de muy poco peso y en su gama de colores hemos visto una extensa escala de beiges, profusión de tonos pastel y mucho blanco. Los complementos de Pepe Mateu han sido un acierto de armonía.

Amenidades lingüísticas

MAFALDA: *Un personaje famoso en el mundo hispánico, profundo y al mismo tiempo llano y normal.*

ESCRIBA SOBRE:

— El «TBO», lectura de los niños.

— Aconseje a un niño lecturas infantiles.

CIVILIZACIONES PRECOLOMBINAS

Debe ser cosa buena llegar a mayor. Los mayores son dueños de sí
y del mundo. Hacen y deshacen, gobiernan, juegan con guerras, negocios y cuantos conflictos hay. Pero, como dice la abuela, *«no siempre
es oro todo lo que reluce».* Los mayores tienen riquezas y desasosiegos.
Y a veces hasta nos ganan en *chiquilladas. De no ser así,* no se enfa-
darían cuando les señalamos que algo está mal. Si peleamos entre nosotros, se meten ellos por medio, no se dan cuenta de que nuestras riñas
no son más que juegos. Hacen de jueces y castigan a quien les parece
y como les parece, sin contemplaciones. Nuestras manos son pequeñas
y no lastiman, las suyas pesan y hacen daño. Si aprendiesen de nosotros,
no irían a la guerra. En la guerra se matan unos a otros, sin saber por
qué la mayor parte de las veces. Dicen que destruyen casas, puentes y
¡qué sé yo! Parece un juego. Pero un juego con sangre y muerte. Y después hablan de «educar a los niños»...

Nosotros venimos al mundo con un montón de preguntas. Las cosas
nos entran por los ojos, por la nariz, por las orejas, y queremos aprender su nombre y significado. Pero no siempre lo conseguimos. Los mayores se cansan y nos hacen callar, o nos alejan con algún pretexto de
lo que queremos saber. Callamos. Porque es peligroso no callar a tiempo.
Y cualquier día, en cualquier lugar, le hacemos la pregunta a cualquiera,
y así, lo que debían decirnos nuestros padres, nos lo dice *un ajeno.* Nuestra vida siempre va fermentando con fermento prestado. Los mayores
ya se olvidaron de cuando eran pequeños; pero si *escudriñasen* en nuestros ojos, *desandarían* el tiempo y procurarían no dedicarse a otros problemas sin hacer caso de nosotros.

Nunca han sabido mis padres lo que yo sufro incluso por las cosas
más simples. Ellos se llevan bien, pero algunas veces riñen entre sí, y
sus gritos me aturden en sueños noches enteras. No saben que me duele

ME PREGUNTO
SI LLEGARE ALGÚN DÍA
A COMPRENDER A
LOS MAYORES

que seamos pobres. No por mí, que pienso ganar mucho cuando sea mayor, sino por ellos. A mamá *le sienta mal* el pan de maíz, pero no podemos comprar pan de trigo. Hace algún tiempo la encontré llorando porque la polilla le había estropeado el vestido de boda. Yo callo, me encojo, pero esas cosas me llegan al corazón. Y también me aflige tener que mostrar cara de risa al señor, como si no bastase con darle la mitad de las cosechas.

Alguna tarde, mientras cuidaba el ganado en el monte, había pensado en irme bien lejos: salir con los dientes apretados en busca de dinero, maldecir la pobreza... Cosas de niños, decían mis padres en cuanto se lo contaba.

El abuelo, para consolarme, para hacerme valorar y aceptar la vida que tenía asignada, me había contado el cuento de un sabio que comía hierbas por no tener otra cosa, e iba quejándose por el mundo de su miseria. Un día se volvió y vio que otro sabio recogía las hierbas que él iba tirando. Siempre hay quien nos gana, para bien y para mal. Yo soy pobre, pero hay otros más pobres que yo. ¡Cuando sea grande...! Pienso continuamente en esta idea. Como si para ser grande no tuviesen que pasar los años. Porque el tiempo no corre ni se detiene. Marcha siempre al mismo paso... Pero cuando yo sea grande...

(Adaptado de X. NEIRAS, *«Reflexiones de un niño labriego.»*)

Comprensión y léxico

I. Responda:

1. ¿Por qué dice el niño de la lectura que debe ser cosa buena llegar a mayor?
2. ¿Por qué se enfadan los mayores cuando los niños les señalan que algo está mal?
3. ¿Qué hacen los mayores cuando los niños se pelean?
4. ¿Qué diferencia hay entre las manos de los niños y las de los mayores?
5. ¿Qué hacen los mayores cuando los niños les preguntan el nombre y el significado de las cosas?
6. ¿Cómo se desarrolla la vida de los pequeños según el niño de la lectura?
7. ¿Deberían los mayores hacer más caso de los niños?
8. ¿Por qué sufre el niño de la lectura?
9. ¿Qué pensaba cuando cuidaba el ganado en el monte?
10. ¿Qué le había contado el abuelo en cierta ocasión para consolarlo?

II. Amplíe su vocabulario:

1. *No siempre es oro todo lo que reluce:* no es bueno todo lo que parece bueno.
2. *Chiquilladas:* acciones propias de niños.
3. *De no ser así:* si no fuera de esta manera.
4. *¡Qué sé yo!:* en el texto: «y otras muchísimas cosas más».
5. *Un ajeno:* una persona extraña.
6. *Escudriñasen:* mirasen fija y detalladamente.
7. *Desandar:* volver atrás por donde se vino; recorrer el mismo camino en sentido contrario.
8. *Le sienta mal:* es perjudicial para ella.

III. Enumere, según el texto, diversas acciones que los mayores deberían evitar en su comportamiento con los niños:

1. ....
2. ....
3. ....
4. ....
5. ....

Aspectos gramaticales

I.

> **CUANDO** se enfada con ella no quiere verla.
> **EN CUANTO** se acuesta se duerme.
> **SIEMPRE QUE** va de viaje trae regalos.
> **A MEDIDA QUE** crece hay que comprarle ropa.
> **DESPUÉS DE QUE** leyó el libro, lo comentamos.
> **UNA VEZ QUE** estás en Barcelona, puedes verlo con frecuencia.
> Vivió con nosotros **HASTA QUE** se cansó.

> Las frases subordinadas de TIEMPO dependen siempre de una frase principal y van introducidas por diferentes partículas.

II. Notar la diferencia entre las frases subordinadas anteriores y las que se ofrecen a continuación, formuladas en SUBJUNTIVO:

> **CUANDO** se *enfade* no querrá hablar.
> **EN CUANTO** se *acueste* sonará el despertador.
> **SIEMPRE QUE** se *calle* podrá participar.
> **A MEDIDA QUE** *crezca* habrá que darle libertad.
> **DESPUÉS DE QUE** *lea* el libro lo comentaremos.
> **UNA VEZ QUE** *estés* en Barcelona, podrás verlo con frecuencia.
> Vivirá con nosotros **HASTA QUE** se *canse*.

III.

> Lo diré **ANTES DE QUE** tú lo leas.
> Llegará **ANTES DE QUE** empiece la carrera.

> «*ANTES DE QUE*» sólo se usa con SUBJUNTIVO, porque nunca supone una experiencia realizada.

Prácticas orales

I. *Complete las siguientes frases:*

1. Cuando ....
2. .... antes de que ....
3. A medida que ....
4. .... hasta que ....
5. .... siempre que ....
6. Después de que ....
7. .... en cuanto ....

II. *Complete usando los verbos entre paréntesis:*

1. Vendré cuando me .... *(apetecer).*
2. Siempre salimos cuando ellos .... *(llegar).*
3. Cuando seas mayor lo .... *(comprender).*
4. Se lo diremos en cuanto .... *(llegar).*
5. Siempre que .... *(ir)* de viaje nos trae un regalo.
6. Llegaremos antes de que .... *(empezar).*
7. Me lo dirás cuando lo .... *(saber).*

III. *Complete las siguientes frases prestando atención a la correlación de tiempos:*

1. Después de que viniste ....
2. Cuando te vea ....
3. Antes de que llegara el avión ....
4. A medida que vayan saliendo del cine ....
5. Una vez que vivas en Madrid ....
6. Hasta que no pueda más ....
7. Siempre que estés de acuerdo conmigo ....

Variedades del lenguaje

Estudio agrícola

4.1. *La tierra y su distribución*

Del total de la extensión de España, que asciende a 50 millones de hectáreas, el 8 por 100 es improductiva, el 51 por 100 es superficie forestal y de pastos y el restante 41 por 100 (20,7 millones de hectáreas) son tierras de cultivo. Por tanto, un 92 por 100 de nuestras tierras, más de 45 millones de hectáreas, son aprovechables en principio; el porcentaje indicado es parecido al de los demás países europeos, si bien los rendimientos en los diversos aprovechamientos son muy inferiores.

En lo que respecta a la distribución de la tierra por grupos de cultivo, dos rasgos caracterizan claramente a nuestra agricultura. El primero de ellos, la extraordinaria amplitud de la superficie dedicada al cultivo cereal, que, junto con la superficie dejada en barbecho, abarca más de un 60 por 100 de toda el área cultivable. El segundo de los rasgos es la gran extensión que ocupan los cultivos arbóreos y arbustivos y especialmente el olivo y la vid. Los cereales, el aceite y el vino son, consiguientemente, los tres productos clave de nuestro secano, y nuestro secano es, actualmente, la parte cuantitativamente más importante de nuestra argricultura.

(TAMAMES, *Introducción a la economía española*, págs. 90-91.)

LOS NIÑOS

EJERCICIO.—*Comente este chiste.*

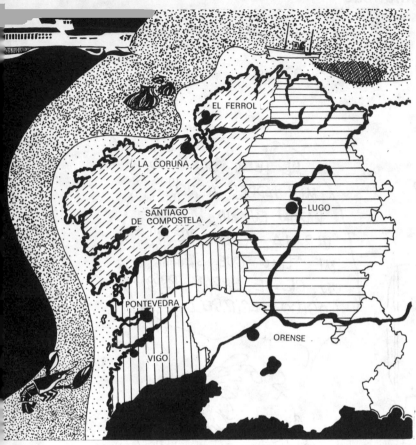

PROFUNDIDAD DE LOS MARES:
De 0 a 100 metros
De 100 a 1000   "
De 1000 a 1500   "

EJERCICIO.—*Consulte en un libro de geografía los siguientes datos sobre Galicia:*

Situaclón geográfica: ....

Clima: ....

Principales fuentes de riqueza: ....

      Pesca: ....

      Agricultura: ....

      Ganadería: ....

      Industria: ....

Lengua: ....

Principales ciudades y monumentos artísticos: ....

....

9 | *Una expedición*

Pasaron las semanas. No veíamos la menor señal, ni de barco ni de desperdicios flotantes que pudieran indicarnos la existencia de otros seres humanos en el mundo. El mar entero era nuestro y con todas las puertas del horizonte abiertas, descendía sobre nosotros desde el firmamento una verdadera paz y libertad. Allí, en la balsa, todos los problemas del hombre civilizado nos parecían falsos e ilusorios. Sólo importaban los elementos. Y los *elementos* parecían ignorar la pequeña balsa. En lugar de enemigos temibles, *siempre a punto* de sumergirnos en espuma, los elementos se habían convertido en amigos seguros que prestaban a *nuestro curso* un apoyo firme y constante; si el viento y las olas nos empujaban, la *corriente* también nos empujaba por debajo hacia nuestra meta. Si un día cualquiera, un barco se hubiera cruzado con nosotros en alta mar, nos habría encontrado meciéndonos suavemente arriba y abajo sobre un mar de largas ondulaciones, cubierto de rizos espumosos. Sus tripulantes habrían visto en la popa de la balsa a un hombre casi sin ropas, barbudo y tostado por el sol, luchando desesperadamente con un largo remo, o, en tiempo de calma, sentado tranquilamente en una caja, cabeceando bajo el sol ardiente y manteniendo perezosamente el remo con los pies.

El día *a bordo* de la «*Kon-tiki*» comenzaba despertando al cocinero; éste se levantaba soñoliento, salía a cubierta y pescaba peces voladores. En lugar de comer el pescado crudo, según recetas peruanas o polinesias, lo freíamos en una pequeña cocinita colocada al fondo de una

caja que estaba fuertemente amarrada a la cubierta. Esa caja era nuestra cocina. Así se estaba *a cubierto del* viento alisio.

El agradable olorcillo del pescado frito apenas si lograba despertar a los otros, quienes a veces seguían roncando en la caseta. Luego, si no se veían aletas de tiburón cerca de la balsa, una rápida zambullida en el Pacífico entonaba los ánimos.

La comida a bordo era irreprochable. Las minutas se basaban en dos experimentos: uno a base de los paquetes de provisiones especiales que llevábamos en cubierta. Otro, similar a la «Kon-tiki» del siglo V. En su viaje original «Kon-tiki» no tenía asfalto

para recubrir las cajas de alimentos, ni latas herméticamente cerradas. Pero no tuvo problemas alimenticios. En aquellos días, lo mismo que ahora, los aprovisionamientos consistían en lo que los viajeros llevaban consigo de tierra y lo que pudieran obtener durante el viaje. *Es de suponer* que cuando «Kon-tiki» salió de la costa del Perú tenía en la mente dos posibilidades: como representante espiritual del sol, aventurarse a *ir mar adentro* para seguir al sol en su diario viaje a Occidente con la esperanza de encontrar un nuevo y más pacífico país; su otra alternativa era remontar con sus balsas la costa de Sudamérica para desembarcar más al norte y fundar un nuevo reino. Al apartarse de los peligros de la costa rocosa debió caer, como nosotros, bajo la influencia de los vientos alisios del Sudeste y la corriente del Humboldt, y ya en poder de los elementos, describiría el mismo gran semicículo orientado a Poniente.

Comprensión y léxico

I. Responda:

1. ¿Dónde se encontraban los protagonistas de la lectura?
2. ¿Cómo se consideraban desde la balsa los problemas del hombre civilizado?
3. ¿Cómo se portaban con ellos los elementos?
4. Si un barco se hubiera cruzado con ellos en alta mar, ¿qué habrían visto sus tripulantes?
5. ¿Cómo era el día a bordo de la «Kon-tiki»?
6. ¿Qué se comía en la balsa?
7. ¿Qué hacían después de comer?
8. ¿En qué se basaban las minutas?
9. ¿Cuáles eran las provisiones alimenticias del viaje original de la «Kon-tiki» del siglo V?
10. ¿Qué pretendía «Kon-tiki» en su viaje original?

II. Amplíe su vocabulario:

1. *«Kon-tiki»:* nombre del jefe indio que se supone pudo llegar a la isla de Pascua.
2. *Elementos:* fuerzas de la naturaleza (tempestades, truenos...).
3. *Siempre a punto:* siempre dispuestos.
4. *Nuestro curso:* nuestro rumbo, nuestra dirección del viaje.
5. *Corriente:* se refiere a una corriente de agua marina.
6. *A bordo de:* en (expresión utilizada para naves aéreas o marítimas).
7. *A cubierto del:* resguardado del.
8. *Es de suponer:* se supone, se da por cierto, se da por sabido.
9. *Ir mar adentro:* adentrarse, internarse en el mar (en relación con la costa de la cual se alejan).

III. Corrija y razone los errores del siguiente resumen de la lectura:

Un grupo de hombres se han hecho a la mar en un barco de vela para experimentar la posibilidad de llegar por tales medios desde Oceanía hasta América. La vida a bordo es muy entretenida y los tripulantes se alimentaban a base de conservas solamente. Por eso tuvieron problemas alimenticios. Las corrientes marinas favorecían su curso. Y es de suponer que «Kon-tiki» siguió una ruta similar al huir de México.

Aspectos gramaticales

I. *Acción presente que se da por cierta: tiempo presente.*

SI VIENE, DILE que pase.
SI BEBE, OBLÍGALE a pagar.

II. *Acción posible en el futuro, bajo condición: presente + futuro.*

SI CORRE, GANARÁ la carrera.
SI ESTUDIA, LLEGARÁ a ser maestro.

III. *Acción que ocurrió en el pasado: tiempo pasado.*

SI le DOLÍA la espalda, entonces TENÍA reúma.
SI IBA el primero, entonces ERA Carlos.

IV. *Acción futura posible, no realizada: subjuntivo + condicional.*

SI TUVIERA dinero, COMPRARÍA un coche.
SI me TOCARA la lotería, DARÍA la vuelta al mundo.
—

V. *Acción posible que no se realizará: subjuntivo + condicional.*

SI HABLASE bien en público, CONVENCERÍA a la gente.
SI ESCRIBIESE mejor, todos le ENTENDERÍAN.

VI. *Acción pasada que pudo haber sido posible:*
subjuntivo pluscuamperfecto + condicional perfecto.

SI HUBIERA TENIDO dinero, HABRÍA COMPRADO un coche.
SI HUBIERA APRENDIDO español, no HABRÍA TENIDO problemas.

Prácticas orales

I. *Responda:*

1. ¿Qué harán si no encuentran piso?   .—..................................
2. ¿Qué me das si te lo digo?   .—..................................
3. ¿Le invitarás si se enfada?   .—..................................
4. ¿Qué habrías hecho si hubieras estado allí? .—.................................
5. ¿Qué harías si te cogiese la policía?   .—.................................
6. ¿Qué le decimos si viene a vernos?   .—.................................
7. ¿Qué preferirías hacer si tuvieras dinero? .—.................................

II.

Si lava el coche, lo tiene limpio.   .—**Si lavara el coche, lo tendría limpio.**

1. Si es su cumpleaños, recibe regalos.   .—................................
2. Si hago un viaje, puedes venir conmigo.   .—................................
3. Si llueve, te mojas.   .—................................
4. Si hace buen tiempo, vamos a la playa.   .—................................
5. Si me toca la lotería, compro un coche.   .—................................
6. Si vas a París, puedes aprender francés.   .—................................
7. Si tenemos problemas, regresamos.   .—................................

III. *Complete:*

1. Si hubieras hablado conmigo, ...
2. ¿Vivirías en España si ....?
3. ¿Quieres saber si ....?
4. ¿Crees que lo haría si ....?
5. Si hiciéramos un viaje en barco de vela ....
6. Nos preguntó si ....
7. Si no te decides ....

Variedades del lenguaje

En algunas revistas populares dedicadas a la mujer aparece una sección llamada «Consultorio Sentimental». Se trata de una o varias páginas dedicadas a orientar a las lectoras en los problemas que ellas exponen.

NO TIENE EDAD

Tengo dieciséis años. Salía con un chico de dieciocho que me gustaba mucho. Nos llevábamos muy bien..., hasta que... Ahora hace dos meses de todo esto y estoy desmoralizada. Sólo tengo ganas de llorar...

Les pido, por favor, que me orienten. Ya no sé qué pensar ni qué hacer. Se lo agradeceré mucho.

TERESA

RESPUESTA

Deliberadamente sólo hemos transcrito algunas líneas de esta carta porque lo que falta podría servir para muchas lectoras que nos escriben con sólo ir variando algunos matices. Por eso ahora queremos contestar a todas las que, con esos pocos años, nos consultan sobre cómo actuar ante esos chicos que no les hacen caso, de los que se habían «enamorado», a quienes «querían mucho», aunque, a veces, ni siquiera habían hablado con él.

Como decimos a nuestra amiga «Decepcionada», el problema radica en creer que hay amor donde se quiere que lo haya. Las chicas de hoy día están muy preocupadas por casarse, temen no encontrar pareja y están viciadas por la idea del príncipe azul que aparece en la vida de toda mujer, según cuentan las fotonovelas y las películas de tema color rosa. Se va a la caza del amor.

Pero el problema es más complejo cuando lo que entra en juego no es una mujer, sino una aprendiza de mujer. Una chica joven tiene que saber, en primer lugar, que el amor es el don que se hacen **dos personas** conscientes de su madurez y responsabiilidad. Y una persona no se encuentra hecha por ahí, sin más ni más, entre los quince y los diecinueve años. No se pueden quemar ni saltar etapas. Una chica joven tiene que prepararse para amar cuando sea capaz. Tiene que conocer a los chicos, tiene que ser compañera, camarada o amiga de los chicos. Pero es absurdo que se convierta antes de hora en amante.

Nos gustaría que todas las chicas pudieran entendernos: Queremos que sean felices, pero el camino para serlo consiste en hacer posible que nazca el amor cuando llegue su hora. Mientras no se tiene edad para amar, como cantaba en sus tiempos Gigliola Cinquetti, no hay que jugar a enamorarse, porque luego las lágrimas y el dolor serán irreparables o imprescindibles.

¿De acuerdo? ¡Desde luego que no! Ya sabemos que no nos vais a hacer caso, pero, al menos, os servirá de alivio cuando luego, después de llorar, os apercibáis de que eso ya estaba previsto y que no ha pasado nada irreparable.

Amenidades lingüísticas

amor   —   odio
perezoso   —   diligente
listo   —   tonto
acercar   —   alejar
dureza   —   suavidad
claro   —   oscuro
breve   —   extenso
castigo   —   premio
comprar   —   vender
acabar   —   empezar

adelantar   —   retroceder
primero   —   último
peinar   —   despeinar
apreciar   —   despreciar
placer   —   dolor
abierto   —   cerrado
virtud   —   vicio
interno   —   externo
encender   —   apagar

Cultura hispánica

En los siglos XV y XVI se abrieron nuevas rutas marítimas y se descubrieron continentes antes desconocidos.

DESCRIBA una de estas rutas y razone sobre su realización.

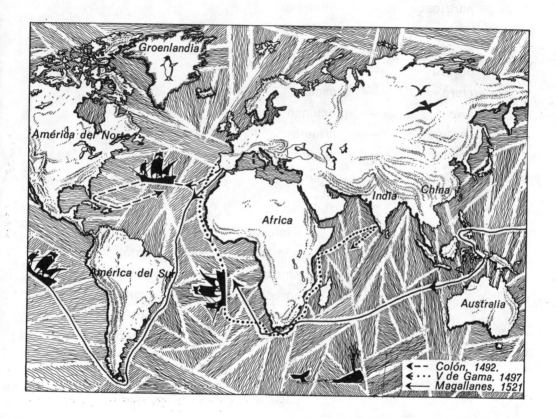

Jesús Martínez y Juan Robledo, concuñados, vallisoletanos y peones, han descubierto el secreto para trabajar diecinueve horas diarias. Jesús Martínez y Juan Robledo se casaron el mismo día, en la misma iglesia, a la misma hora, con dos mujeres hijas de la misma madre. Hace de esto dos años y desde hace uno no duermen en su casa.

Jesús y Juan trabajan en un almacén descargando cajas de electrodomésticos. Un día *echaron cuentas;* la aritmética de los ingresos era bien simple y la de los gastos se había complicado terriblemente. Tácitamente daban siempre vueltas al mismo pensamiento: «Te casas y te pones una cadena en el cuello. Ahorras para el piso —porque eso sí, hay que comprar un piso—, compras los muebles, te cargas de plazos...»

Le dieron vueltas a la imaginación y un día se presentaron al jefe.

—Nos hemos enterado —le dijeron— de que los vigilantes se jubilarán el mes que viene. ¿Por qué no nos da el puesto a nosotros?

El jefe no tenía queja alguna ni de Jesús ni de Juan. Se puede decir más bien que sentía por ellos cierto aprecio porque no le habían planteado nunca ningún problema. Incluso le habían sacado de algún apuro, como aquel día del *plante*, en que la mercancía estuvo a punto de quedarse en los camiones; de no haber sido por los concuñados, que *se reventaron los riñones* haciendo el trabajo de veinte descargadores, los paquetes todavía estarían allí.

—Este puesto no es para vosotros, sino para hombres viejos. Sois jóvenes y os necesito durante el día.

—No, don Leoncio —replicó Jesús—, no nos hemos explicado bien. Queremos trabajar durante el día y por la noche hacer de vigilantes. Lo hemos pensado muy bien y es justamente lo que necesitamos. No queremos meternos en otra empresa por unas horas. Conocemos este trabajo y sabemos que podemos hacerlo bien.

—Pero... ¿Cuándo vais a dormir? Si vigiláis durante la noche, a la mañana siguiente no podréis ni moveros.

—No se preocupe por esto. Háganos una prueba.

Ha pasado un año y los concuñados defienden, como *perros de presa*, su segunda jornada de trabajo. Desde entonces su horario está tan bien distribuido como el de un ministro. A las ocho de la mañana entran en el almacén —mejor dicho, se reincorporan al trabajo, porque no han salido del local— hasta la una del mediodía; comen en casa y regresan a las tres; hasta las ocho descargan camiones; se acuestan en un rincón y a las diez se levantan para iniciar su *segunda ronda*. Durante la noche hacen alguna pequeña trampa y se turnan en una improvisada colchoneta.

—«Lo importante es tener salud, ¿no le parece? Así hemos podido doblar el sueldo y pagar las letras que teníamos pendientes. Aguantaremos esto mientras el cuerpo resista, *caiga quien caiga*. Ya sabemos que algunos compañeros de trabajo nos miran con mala cara, pero ¡allá ellos! Ya veremos quién ríe el último. Cuando terminemos de pagar todo lo que hemos metido en el piso nos compraremos un «seiscientos» y después, a descansar. Y ellos, ¿qué habrán hecho? Dormir todas las noches en su casa con sus mujeres. Somos jóvenes; ya tendremos tiempo para eso. Y además, tampoco es para tanto. Disponemos de una noche libre a la semana.»

(Adaptado de E. BAYO, «*De qué viven y por qué no mueren los españoles*». Ed. DIROSA, Barcelona, 1975.)

Comprensión y léxico

I. *Responda:*

1. ¿Quiénes eran Jesús Martínez y Juan Robledo?
2. ¿En qué consistía su nuevo secreto?
3. ¿Dónde trabajan?
4. ¿A qué pensamiento le daban vueltas continuamente?
5. ¿Para qué se presentaron un día al jefe?
6. ¿Por qué apreciaba el jefe a Jesús y a Juan?
7. ¿Les puso el jefe algún obstáculo a su nueva petición?
8. ¿Cómo es ahora, después de un año, la nueva jornada de trabajo de los dos concuñados?
9. ¿Cuándo duermen?
10. ¿Qué reflexión hacen sobre sí mismos y sobre su situación?

II. *Amplíe su vocabulario:*

1. *Echar cuentas:* hacer cuentas.
2. *Se reventaron los riñones:* trabajaron excesivamente.
3. *Letra:* documento equivalente a una cierta cantidad de dinero.
4. *Plante:* huelga, paro.
5. *Perros de presa:* perros que recogen la pieza cazada.
6. *Segunda ronda:* segunda jornada de trabajo.
7. *Caiga quien caiga:* pase lo que pase.

III. *En la versión que se le da a continuación debe usted identificar las frases que se corresponden con el sentido del texto y desechar las que se contradicen con él:*

El día en que Jesús y Juan, hermanos gemelos, echaron cuentas, se asombraron de su brillante cuenta de ingresos; pensaron que a raíz de su boda los gastos habían disminuido y decidieron dedicarse al pluriempleo. Por la noche descargarían camiones y durante el día se dedicarían a vender electrodomésticos.

Aspectos gramaticales

I.

VEN	—	NO VENGAS
VENID	—	NO VENGÁIS
VENGA (Ud.)	—	NO VENGA
VENGAN (Uds.)	—	NO VENGAN

Se usa el Subjuntivo en las formas negativas de Imperativo y en las afirmativas correspondientes a Ud., Uds.

II.

QUIZÁS venga	—	QUIZÁS vendrá mañana.
TAL VEZ vaya	—	TAL VEZ iré al cine esta noche.
ACASO se case	—	ACASO se casará pronto.

Los adverbios de duda, cuando preceden al verbo, pueden ir acompañados de Indicativo o Subjuntivo. Se usa el Indicativo cuando hay mayor seguridad de que se realice la acción; en caso contrario se usa el Subjuntivo.

Si el adverbio de duda se coloca detrás del verbo, *sólo se usa* el Indicativo.

Ejemplo: VENDRÁ mañana, tal vez.

III.

A LO MEJOR seguirá los estudios.

A LO MEJOR te lo dice.

«*A LO MEJOR*» se construye siempre con Indicativo.

IV. *EXPRESIONES DE DESEO*

OJALÁ llegue pronto — OJALÁ llegara pronto

El uso del presente o del pasado de Subjuntivo está en función del grado de posibilidad de que se cumpla la acción.

Prácticas orales

I. *Ponga la partícula de duda delante del verbo, y use el Subjuntivo:*

1. Me compraré, tal vez, un traje nuevo. .—.............................
2. Saldremos, quizá, con los Sres. Pérez. .—.............................
3. Lo veremos, acaso, la próxima semana. .—.............................
4. Ganaron, probablemente, menos dinero. .—.............................
5. Podrán, quizá, comprar un «seiscientos». .—.............................
6. Iniciaremos, seguramente, nuestra jornada a las 8. .—.............................
7. La conociste, posiblemente, hace un año. .—.............................

II. *Construya una frase:*

1. .... acaso ....
2. Probablemente ....
3. .... posiblemente ....
4. A lo mejor ....
5. Tal vez ....
6. .... quizá ....
7. Quizá ....

III. *Construya frases que expresen duda o deseo, empleando diferentes tiempos verbales:*

1. Deseo que llegue pronto. —.............................
2. Deseamos que salgáis juntos. —.............................
3. Deseo que suspendáis el examen. —.............................
4. Desean que no nos toque la lotería. —.............................
5. Desea que se casen. —.............................
6. Deseo que os vayáis de aquí. —.............................
7. Deseamos que dejéis de beber. —.............................

Variedades del lenguaje

En torno al automóvil

Características más destacadas: robustez, seguridad y gran facilidad de acceso a órganos mecánicos.

En la isla de La Toja se presentó recientemente el nuevo modelo Seat «131» en su versión normal, «L», y especial, «E». Incorporan, respectivamente, los motores del «1430», de 75 CV DIN a 5.400 rpm y el del «1600», de 95 CV DIN, a 6.000 rpm. Ambos están sobradamente acreditados y resulta especialmente interesante el del «1600», provisto del primer doble árbol de levas que se montó en un turismo español.

Sólido armazón

Característica sobresaliente de estos nuevos vehículos es que están concebidos para una larga duración y constituyen, además, unos coches en que se ha tenido en cuenta de forma muy especial la cuestión de la seguridad. Van provistos de un armazón interno a la altura de la «cintura» del coche, que protege contra los golpes laterales, y los montantes delanteros y traseros, así como los del techo, contribuyen a la indeformabilidad del habitáculo en caso de vuelco; el techo está recubierto de una capa de dos centímetros de polistizeno expanso ignífugo antigolpe, los guardabarros y los soportes de los parachoques anterior y posterior han sido diseñados para absorber colisiones a pequeña velocidad (hasta 4 km/hora), puesto que retroceden hasta seis centímetros sin dañar en absoluto la carrocería; el depósito de gasolina va instalado en la zona de máxima seguridad, encima del eje trasero y tras el respaldo posterior, del que lo separa y aísla una plancha de acero.

Amenidades lingüísticas

La mayoría de las revistas dirigidas al gran público suelen incluir en sus páginas el horóscopo. El contenido de las predicciones es tan general o ambiguo que suelen adaptarse a una gran cantidad de acontecimientos.

¿CÓMO ES EL HOMBRE PISCIS?
(20 - II al 20 - III)

Es, junto al de Cáncer, uno de los más débiles tipos de todos los signos del Zodíaco. Es muy hogareño, amante de sus hijos y familiar. También él prefiere, sobre todo, encontrarse entre las cuatro paredes de su casa y le gusta que una mujer amorosa le cure las heridas recibidas en la lucha por la existencia. Es feliz, sobre todo, si puede ejercer una profesión que esté íntimamente relacionada con el hogar. Por ejemplo, la de posadero, comerciante de productos alimenticios, y tiene su tienda en la propia casa. Tiene gran relación con la gastronomía, pues le gusta comer y beber bien, sobre todo, esto último. Un aspecto negativo puede ser su afición al alcohol.

A todos los Piscis les gusta el agua, los deportes acuáticos y la natación. Pero no es bueno que se dediquen a «nadar» en alcohol... En la profesión el hombre Piscis es un jefe agradable y jovial, un colega lleno de camaradería, tranquilo y pacífico. Frecuentemente es un modesto empleado o funcionario en puestos oficiales o en la Banca. Sus relaciones con el agua pueden convertirle en pescador, y su amor a la Naturaleza, en guardabosques, agricultor o jardinero. Entre las profesiones académicas es frecuentemente médico (¡prefiere la Psiquiatría!). Vemos también con mucha frecuencia un buen talento artístico (¡actor!).—AZ.

Economía española: Renta per cápita según las provincias

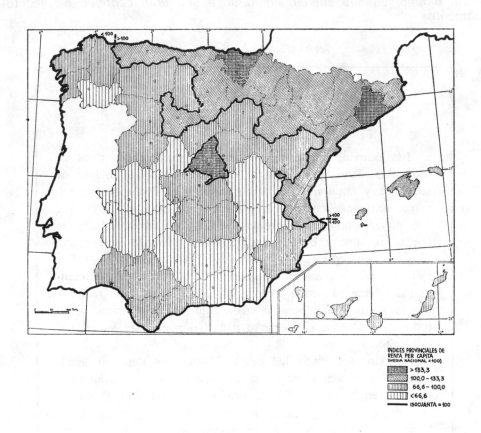

INDICES PROVINCIALES DE
RENTA PER CÁPITA
(MEDIA NACIONAL =100)

- \>133,3
- 100,0 – 133,3
- 66,6 – 100,0
- \<66,6
- ISOCUANTA = 100

EJERCICIO.—*Describa los recursos económicos de la zona central y me-
ridional de la Península Ibérica.*

Llegué a México en 1940; me mandó allí mi gobierno. México, con sus chumberas y sus serpientes; México florido y espinudo, seco y *huracanado, violento de dibujo y de color,* me entusiasmó por su luz y su transparencia.

Lo recorrí minuciosamente de mercado a mercado. Porque México está en los mercados. No está en las *guturales canciones* de las películas, ni en la falsa imagen de bigote y pistola. México es una tierra de *pañolones* color carmín y turquesa fosforescente. México es una tierra de vasijas y cántaros y de frutas partidas bajo un enjambre de insectos. México es un campo infinito de *magüeyes teñidos de azul acero.*

Todo esto lo dan los mercados más hermosos del mundo. La fruta y la lana, el barro y los telares, muestran el poderío asombroso de los dedos mexicanos.

Vagué por México, corrí por todas sus costas, sus altas costas acantiladas, desde Topolobambo, en Sinaboa, a Yucatán, desde Anahuac hasta Michoacán.

México, el último de los países mágicos, mágico de antigüedad y de historia, mágico de música y de geografía. Haciendo mi camino de vagabundo me sentí inmenso y antiguo, digno de andar entre tantas creaciones inmemoriales. Valles abruptos, atajados por inmensas parcdes de rocas; de cuando en cuando colinas elevadas recortadas *al ras* como por un cuchillo; inmensas selvas tropicales, repletas de madera y de serpientes, de pájaros y de leyendas.

Encontré que Chile y México eran los dos *países antípodas* de América. Nunca me ha conmovido la convencional frase diplomática que hace que el embajador del Japón encuentre en los cerezos de Chile que su país y el mío se parecen, del mismo modo que el inglés se fija en la niebla de nuestra costa y el argentino o el alemán en la nieve que nos rodea para establecer comparaciones. Todo para falsear una realidad, para justificar la frase de que todos los pueblos son parecidos.

No hay en América, ni tal vez en el planeta, un país de mayor profundidad humana que México y sus hombres. Sus pueblos pescadores, los centros mineros, las rutas de donde surgen los conventos católicos como cactus colosales, los mercados donde la riqueza de colores y sabores llega al paroxismo, no tienen comparación.

El Yucatán es la cuna de la más vieja raza del mundo. Allí no hay mar, ni arroyos, ni ríos, sino que el agua está escondida bajo la tierra y ésta se resquebraja *de pronto,* produciendo unos pozos enormes y salvajes. Los mayas encontraron estas aberturas terrestres y las divinizaron con sus extraños ritos. En las orillas de estos pozos, cientos de muchachas adornadas con oro y plantas, después de ceremonias nupciales, fueron cargadas de alhajas y precipitadas desde la altura hasta las aguas profundas.

Desde la profundidad subían hasta la superficie las flores y las coronas de las doncellas, pero ellas quedaban en el fondo del suelo, sujetas por sus cadenas de oro.

Las joyas han sido rescatadas en una mínima parte después de miles de años y están bajo las vitrinas de los museos de México y Norteamérica.

(Adaptado de P. NERUDA,
«Confieso que he vivido».)

MÉXICO

Comprensión y léxico

I. Responda:

1. ¿Cómo es México a los ojos del escritor?
2. ¿Qué importancia tienen los mercados en México?
3. ¿Es verdadera la imagen típica del mexicano con bigote y pistola?
4. ¿Que nos muestran los mercados mexicanos?
5. ¿Cómo es la geografía mexicana?
6. ¿Se parecen en algo Chile y México?
7. ¿Cuál es el comentario famoso del embajador del Japón?
8. ¿Cómo son realmente los hombres mexicanos?
9. ¿Cómo es el Yucatán?
10. ¿Qué extraños ritos hacían los mayas?

II. Amplíe su vocabulario:

1. *Huracanado:* azotado por vientos fuertes.
2. *Violento de dibujo y de color:* aquí se alude al fuerte contraste, tanto del paisaje como de los colores.
3. *Guturales canciones:* canciones cantadas esforzando mucho la garganta.
4. *Pañolones:* pañuelos que se ponen en los hombros.
5. *Magüeyes:* plantas de hojas carnosas propias de países cálidos y secos.
6. *Teñidos de azul acero:* de color azul acero.
7. *Al ras:* sin desniveles ni asperezas.
8. *Países antípodas:* países opuestos.
9. *El Yucatán es la cuna de la más vieja raza:* en el Yucatán surgió la raza más vieja.
10. *De pronto:* de repente.

III. Dé características de México en cinco frases:

1. ....
2. ....
3. ....
4. ....
5. ....

Aspectos gramaticales

I. *QUE + frase en subjuntivo*

1. Expresión de deseo: SIEMPRE PRESENTE DE SUBJUNTIVO:

    ¡QUE TENGAS buen viaje!

    ¡QUE DESCANSES!

2. Órdenes o amenazas: SIEMPRE PRESENTE DE SUBJUNTIVO:

    ¡QUE no VUELVA a hacerlo, porque si no...!

    ¡QUE no SEPA yo que vuelves a ir allí!

3. Sorpresa: PRESENTE Y PASADO DE SUBJUNTIVO:

¡(Será posible) $\begin{cases} \text{QUE HAGA el despistado tantas veces!} \\ \text{QUE LEYERA siempre en la misma página!} \\ \text{QUE le HAYAN ENCONTRADO de nuevo!} \end{cases}$

II. *Fórmulas reduplicativas*

DIGAS LO QUE DIGAS no te escucharé.

DECIDA QUIEN DECIDA nadie obedecerá.

BEBAMOS LO QUE BEBAMOS no nos emborracharemos.

VAYAN DONDE VAYAN siempre harán el ridículo.

FUERA QUIEN FUERA no supieron su nombre.

> Las fórmulas reduplicativas consisten en una repetición del mismo verbo en el mismo tiempo y persona, siguiendo la fórmula:
> Verbo + relativo (excepto CUYO) + verbo

III. *CASO ESPECIAL DE FÓRMULA REDUPLICATIVA:*

SI + verbo + QUE + verbo

Si viene que venga ⟶ Aunque venga no me importa.

Si trabaja que trabaje ⟶ Aunque trabaje no me importa.

Prácticas orales

I. Construya tres frases que expresen deseo, dos que expresen orden o amenaza y dos que manifiesten sorpresa:

1. ¡Que ....! (dormir bien)
2. ¡Que ....! (divertirse)
3. ¡Que ....! (comer a gusto)
4. ¡Que ....! (no molestarnos)
5. ¡Que ....! (ensuciarse las manos)
6. ¡Que ....! (trabajar tanto)
7. ¡Que ....! (ir tan bien vestido)

II. Use una fórmula reduplicativa en el tiempo adecuado:

1. (Decir/tú) .... lo que ...., no me moveré de aquí.
2. (Pensar/ella) .... como ...., no salía de su asombro.
3. (Hacer/ellos) .... lo que ...., ya no lograban tener otra imagen.
4. (Decidir/él) .... lo que ...., yo no estaré de acuerdo.
5. (Venir/alguien) .... quien ...., no abandonaré mi puesto.
6. (Comprar/tú) .... donde ...., siempre lo hacías mal.
7. (Estar/vosotros) .... donde ...., os encontraré.

III. Termine la frase:

1. Leas lo que ....
2. Si sale que ....
3. Si deseaba hacerlo que ....
4. Vayan donde vayan ....
5. ¡Qué ....!
6. ¿Será posible que ....?
7. ¡Que no me entere que ....!

Variedades del lenguaje

Crónica de Sociedad

Las clases altas y los personajes conocidos son noticia. A la lectora aficionada a la llamada «prensa del corazón» le gusta seguir los acontecimientos personales de los famosos.

AMOR Y UN MISMO IDEAL

Pero al propio tiempo que rey, es hombre. Y, como tal, tiene gustos y aficiones que en determinados momentos le procuran el descanso y sosiego necesarios.

—Soy un entusiasta del jazz —me dice—. Es mi música favorita.

Y Susan puntualiza:

—Al rey le entusiasma Elia Fitzgerald. Y si hablamos de deportes, le encanta practicar los del mar.

El monarca asiente con una sonrisa.

—Yo, sin embargo —prosigue Susan—, prefiero la música clásica, Beethoven, Bach, Tchaikowski... Y, aunque llevo tres años en España, no he conseguido comprender el flamenco. Tal vez sea porque mi español no me permite entender las letras de las coplas. En cuanto a los cantantes modernos, mis favoritos son Raphael, Mari Trini y Chavela Vargas.

La gran afición de Susan es la pintura. Sus amigos la consideran una gran entendida... y una magnífica pintora. Su madre también pinta muy bien. Susan estudió en la Escuela de Artes de Sidney, y su obra es tan interesante como extensa.

—Es cierto que he pintado muchos cuadros..., que jamás me decidí a mostrar al público. Ni creo que lo haga nunca. ¡No me atrevo!

Ahora sigue estudiando español y, sobre todo, albanés. Quiere hablarlo perfectamente dentro de cuatro meses, cuando contraiga matrimonio.

—La gramática albanesa no es especialmente difícil. La mayor dificultad de esta lengua está en la pronunciación.

Y me cuenta que anteriormente asistió a la Escuela de Azafatas de Turismo con ánimo de aprender más cosas de España y los españoles. Porque nuestro país será para ella, dentro de unos meses, su segunda Patria. Como lo es, desde hace trece años, de su prometido. Leka y Susan, como todas las parejas de novios, ya están buscando piso en Madrid. ¡Tarea nada sencilla, por cierto!

Canción argentina

El cantor del pueblo suele denunciar casi siempre una realidad social *opresiva. Véase una muestra de un compositor y poeta argentino:*

EL PAYADOR PERSEGUIDO

Si alguien me dice señor,
agradezco el homenaje;
mas, soy gaucho entre el gauchaje
y soy nada entre los sabios.
Y son pa mí los agravios
que le hagan al paisanaje.

La vanidá es yuyo malo
que envenena toda huerta.
Es preciso estar alerta
manejando el azadón,
pero no falta varón
que la riegue hasta en su puerta.

El trabajo es cosa buena,
es lo mejor de la vida;
pero la vida es perdida
trabajando en campo ajeno.
Unos trabajan de trueno
y es para otros la llovida.

ATAHUALPA YUPANQUI

EJERCICIO.—*Nombre los países que componen este mapa con sus capitales correspondientes.*

Entretanto llegó el carro de las banderas, en el cual no *venía* más que el *carretero* y otro hombre sentado en la parte delantera. Don Quijote se puso delante y dijo:

—¿A dónde vais, hermanos? ¿Qué carro es éste, qué lleváis en él y qué banderas son éstas?

A lo cual respondió el carretero:

—El carro es mío; lo que va en él son dos bravos leones enjaulados; las banderas son del rey nuestro señor, para indicar que lo que va aquí es suyo.

—¿Y son grandes los leones? —preguntó Don Quijote.

—Tan grandes que de África a España nunca han pasado otros mayores —respondió el hombre que iba a la puerta del carro—. Son hembra y macho y ahora *van hambrientos* porque no han comido hoy; así que le ruego a usted nos deje paso, porque debemos llegar pronto a donde les podamos dar de comer.

A lo cual añadió Don Quijote sonriéndose un poco:

—¿*Leoncitos a mí*? ¿A mí leoncitos y a tales horas? Pues, por Dios, que han de ver esos señores que los envían si soy hombre que se espanta de leones. Apeaos, buen hombre, abridme esas jaulas y echadme esas bestias fuera.

Viendo el *mal cariz* que empezaba a tomar la situación, se acercó Sancho Panza a su amo:

—Mire, señor, que aquí no hay encanto ni cosa que se le parezca; que yo he visto entre los barrotes de la jaula un león verdadero, más grande que una montaña.

—El miedo —respondió Don Quijote— te lo hará parecer mayor que el mundo. Retírate, Sancho, y déjame; y si muriese aquí, conoces nuestro acuerdo: acudirás a Dulcinea, y no te digo más.

Y viendo el carretero que Don Quijote ya estaba listo, abrió *de par en par* la primera jaula, donde estaba el león, el cual parecía de grandeza extraordinaria y de espantable y *fea catadura*. Lo primero que hizo fue revolverse en la jaula, extender las garras y desperezarse. Abrió luego la boca y bostezó muy despacio y con casi dos palmos de lengua que sacó fuera, se quitó el polvo de los ojos y se limpió el rostro; hecho esto, sacó la cabeza fuera de la jaula y miró a todas partes con ojos como para espantar a la misma temeridad. Sólo Don Quijote lo miraba atentamente, deseando que saltase ya del carro y se acercase a él para despedazarle con sus manos. Pero el generoso león, más comedido que arrogante, *no haciendo caso* de niñerías, después de haber mirado a una y otra parte, se volvió a echar en la jaula. Viendo esto Don Quijote, rogó al encargado de los leones que le diese palos para echarlo fuera.

—Eso no lo haré yo —respondió éste—. Ya queda probada la grandeza de vuestro corazón; si el contrario no acude, quien le espera gana el desafío.

—Así es —respondió Don Quijote—; cierra, amigo, la puerta y *da testimonio* como pudieres de lo que aquí me has visto hacer; es decir: cómo tú abriste la puerta al león, yo le esperé, él no salió, le volví a esperar, tampoco salió y se volvió a acostar. Hice todo lo que debía hacer; Dios ayude a la razón y a la verdad y a los verdaderos caballeros. Y ahora cierra, que, mientras tanto, yo hago señas a los ausentes y a quienes han huido para que conozcan esta hazaña de tu misma boca.

(Adaptado de «*Don Quijote de la Mancha*».)

Comprensión y léxico

I. *Responda según la lectura anterior:*

1. ¿Quién iba en el carro que paró Don Quijote?
2. ¿Qué llevaban en el carro?
3. ¿Cómo eran los leones?
4. ¿Qué pretendía hacer Don Quijote?
5. ¿Para qué intervino Sancho?
6. ¿Qué hizo el león cuando el carretero abrió la jaula?
7. ¿Cómo lo esperaba Don Quijote?
8. Al ver que el león no salía, ¿qué dijo Don Quijote?
9. ¿Cómo convenció el carretero a Don Quijote?
10. ¿Qué quería demostrar Don Quijote con su hazaña?

II. *Amplíe su vocabulario:*

1. *Venía:* iba, viajaba.
2. *Carretero:* persona que conduce un carro de mulas.
3. *Van hambrientos:* están hambrientos.
4. *¿Leoncitos a mí?:* expresión que significa: los leones no me dan miedo.
5. *Mal cariz:* malas perspectivas, peligro.
6. *De par en par:* completamente.
7. *Fea catadura:* no inspira confianza.
8. *No haciendo caso:* no prestando atención.
9. *Da testimonio:* da fe, muestra con pruebas.

III. *Escriba cinco frases que resuman la lectura:*

1. ....
2. ....
3. ....
4. ....
5. ....

Aspectos gramaticales

I.

SUSTANTIVO			ADJETIVO
Nación	}	+ **AL**	NACIONAL
Profesión			PROFESIONAL
Colegio	}	+ **AL**	COLEGIAL
Centro			CENTRAL

II.

ADJETIVO			SUSTANTIVO
Seguro	}	+ **DAD**	SEGURIDAD
Enfermo			ENFERMEDAD
Amigo		+ **TAD**	AMISTAD
Bueno		+ **DAD**	BONDAD
Cierto		+ **EZA**	CERTEZA
Nervioso	}	+ **ISMO**	NERVIOSISMO
Social			SOCIALISMO

III.

Social	}		SOCIALIZAR
Nacional	}	+ **IZAR**	NACIONALIZAR
Central			CENTRALIZAR

IV. PALABRAS COMPUESTAS

Adjetivo + Adjetivo: claro + oscuro   CLAROSCURO
Sustantivo + Sustantivo: carro + coche   CARRICOCHE
Verbo + Verbo: va y ven   VAIVÉN

> En español no existen muchas palabras compuestas. En su formación se dan a veces cambios vocálicos.

Prácticas orales

I. Forme adjetivos añadiendo la terminación adecuada:

1. Colegio .... Documento ....
2. Muerte .... Profesión ....
3. Fin .... Medicina ....
4. Coloso .... Idea ....
5. Caso .... Persona ....
6. Universo .... Educación ....
7. Presidente .... Lado ....

II. Forme sustantivos añadiendo la terminación adecuada:

1. Relativo .... Bárbaro ....
2. Malo .... Bueno ....
3. Puntual .... Franco ....
4. Nervioso .... Enfermo ....
5. Serio .... Amable ....
6. Sincero .... Igual ....
7. Imposible .... Oportuno ....

III. Analice y explique las siguientes palabras compuestas:

1. Parasol ....
2. Tocadiscos ....
3. Paraguas ....
4. Bocacalle ....
5. Lavaplatos ....
6. Pisapapeles ....
7. Pasatiempo ....

Variedades del lenguaje

El fútbol constituye un deporte de masas. No es de extrañar que en torno a él existan modismos y vocablos que le son peculiares.

Ésta es una crónica deportiva:

El encuentro ha sido excelente por lo disputado y la codicia y la velocidad de ambos equipos, aunque sin calidad en las acciones, las hubo, eso sí, pero aisladas.

Salió el Estrella Roja en tromba, tratando de arrollar a un Real Madrid que comprendió inmediatamente la intención del rival y serenó su juego, montando su esquema de centro del campo y defensa de acuerdo con la avalancha yugoslava de los primeros minutos.

Ya a los dos minutos de juego, Jankovic puso en peligro el portal madridista y a los cinco minutos, V. Petrovic echó fuera un pelotazo con ribetes de peligroso. Tres minutos más tarde fue Macanás el que obligó a O. Petrovic a intervenir y al cuarto de hora había ya el once madridista nivelado la balanza y Velázquez y Netzer trataban de lanzar a sus delanteros. A los 22 minutos, Macanás realizó una excelente jugada, que un defensa puso en córner.

A los 34 minutos, el gol de Jankovic, para provocar la reacción madridista y un buen remate de cabeza de Santillana.

Y al filo de los 45 minutos, una gran oportunidad para los yugoslavos: un cabezazo de V. Petrovic, picando la pelota de arriba hacia abajo, que Miguel Ángel despejó casi intuitivamente. Fue una de las mejores jugadas del encuentro.

El segundo tiempo comenzó casi con la misma tónica que el período anterior, aunque con menos fuerza por parte del Estrella Roja. El penalty de Breitner, que supuso el segundo gol yugoslavo, fue el revulsivo que envió al Real Madrid al ataque.

Un Real Madrid que terminó el partido más entero, con más fuerza, y que jugó la prórroga también con más potencia física y velocidad que su rival.

Hubo varias oportunidades excelentes de gol para el Real Madrid, como una de Velázquez, a los 32 minutos; otra de Aguilar a los 34, con el portero prácticamente batido, y algunas más, indicativo de que el once madridista estuvo en esa segunda parte más entero y con más fuerza que sus rivales; pero, terminado el tiempo reglamentario con empate en la eliminatoria, se recurrió a la fórmula de los penalties. Recurso de lotería, con los jugadores cansados y destrozados sus nervios, y propicios cualquiera de ellos al fallo. Hubo tres: el de Djorjevic, el de Benito y el resolutivo de Santillana.

Así queda, pues, eliminado el Real Madrid de la Copa de Europa de campeones de Copa, en los cuartos de final.—Alfil.

Anecdotario

Las anécdotas forman parte de la cultura de un pueblo y presentan «rasgos amables» de la sociedad o el individuo. En algunas de ellas se perfilan rasgos característicos y la manera de ser de un país:

EN EL REGISTRO CIVIL

Me contó esta anécdota un funcionario del Registro Civil de un distrito de Madrid. Estaba él en la ventanilla atendiendo al público cuando se presentó un hombre muy pálido, de aspecto triste, quien, con ese temor respetuoso que impone ia administración pública, le dijo al funcionario: «Perdone, es que quería inscribir a un niño.» El funcionario, con gesto rutinario, cogió una hoja de inscripción y preguntó disponiéndose a escribir: «¿Nombre del padre?» «¡Ah!, perdón —contestó el súbdito santiguándose—; en el nombre del Padre, del Hijo y del Espíritu Santo.»

Don Quijote y los rebaños

Don Quijote, en presencia de los rebaños, decide favorecer a uno de los dos ejércitos, y a pesar de los ruegos y advertencias de Sancho, que intenta convencerle de que se trata de ovejas y carneros, los acomete y, como era de esperar, es derribado por los pastores a pedradas. En todas estas aventuras, de estructura similar, en las que don Quijote desfigura la realidad, acomodándola al estilo de los libros de caballerías, al llegar el desengaño y ver las cosas tal como son, atribuye la realidad al poder mágico de ciertos encantadores enemigos suyos, que le transforman lo ideal; y así don Quijote quedará convencido de que luchó contra un verdadero ejército, pero convencido también de que los encantadores, a fin de humillar su gloria, lo han transformado en un rebaño.

(MARTÍN DE RIQUER, *Aproximación al Quijote*, Salvat - RTV.)

Muchos años después, frente al pelotón de fusilamiento, el coronel Aureliano Buendía había de recordar aquella tarde remota en que su padre, José Arcadio Buendía, lo llevó a conocer el hielo.

Macondo era entonces una aldea de veinte casas de barro y caña construidas a la orilla de un río de aguas claras que se precipitaban por un lecho de piedras pulidas, blancas y enormes como huevos prehistóricos. El mundo era tan reciente que muchas cosas carecían de nombre, y para mencionarlas había que señalarlas con el dedo.

Todos los años, por el mes de marzo, una familia de gitanos plantaba sus tiendas cerca de la aldea, y con un gran alboroto de pitos y tambores daban a conocer los nuevos inventos. Primero llevaron el imán. Un gitano corpulento, que se presentó con el nombre de Melquíades, hizo una demostración pública de lo que él mismo llamaba la octava maravilla de los alquimistas.

Fue de casa en casa arrastrando los lingotes metálicos, y todo el mundo se espantó al ver que los calderos, las tenazas y otros objetos de metal se caían de su sitio, y las maderas crujían por la desesperación de los clavos y los tornillos tratando de desenclavarse, y aun los objetos perdidos desde hacía mucho tiempo aparecían por donde se les había buscado, y se arrastraban en bandada turbulenta detrás de *los hierros mágicos* de Melquíades. «Las cosas tienen vida propia —pregonaba el gitano con áspero acento—; todo *es cuestión de* despertarles el alma.»

José Arcadio Buendía, cuya imaginación iba siempre más lejos que el ingenio de la naturaleza y más allá del milagro y la magia, pensó que era posible servirse de aquella invención inútil para extraer el oro de la tierra. Melquíades, que era aún hombre honrado, le previno: «Para eso no sirve.» Pero José Arcadio Buendía no creía en aquel tiempo en la honradez de los gitanos, así que cambió su mulo por dos lingotes imantados. Durante dos meses se empeñó en demostrar el *acierto de sus suposiciones.* Exploró *palmo a palmo* la región, inclusive el fondo del río, arrastrando los dos lingotes de hierro y recitando en voz alta el conjuro de Melquíades. Lo único que logró desenterrar fue una armadura del siglo XV con todas sus partes soldadas por un cascote de óxido. Cuando se logró desarticular la armadura, encontraron dentro un esqueleto calcificado que llevaba colgado en el cuello un relicario de cobre con un rizo de mujer.

En marzo volvieron los gitanos. Esta vez llevaban un catalejo y una lupa del tamaño de un tambor, que exhibieron como el último descubrimiento de los judíos de Amsterdam. Sentaron a una gitana en un extremo de la aldea e instalaron el catalejo a la entrada de la tienda. Mediante el pago de cinco *reales,* la gente *se asomaba al catalejo* y veía a la gitana al alcance de su mano. «La ciencia ha eliminado las distancias», pregonaba Melquíades. «Dentro de poco el hombre podrá ver lo que ocurre en cualquier lugar de la Tierra sin moverse de su casa.» José Arcadio Buendía concibió la idea de utilizar aquel invento como un arma de guerra.

(Texto adaptado de *«Cien años de soledad»,* de G. GARCÍA MÁRQUEZ.)

Comprensión y léxico

I. *Responda según la lectura anterior:*

1. ¿Quién era Aureliano Buendía?
2. ¿Cómo era la aldea de Macondo?
3. ¿Qué ocurría todos los años por el mes de marzo?
4. ¿A qué venían los gitanos a Macondo?
5. ¿Cuál fue el primer invento que dieron a conocer?
6. ¿Quién era y qué hizo Melquíades?
7. ¿Cómo reaccionaba la gente?
8. ¿Qué pensó José Arcadio Buendía?
9. ¿Tuvo éxito en su búsqueda?
10. ¿Cuál fue el último invento que exhibieron los gitanos?

II. *Amplíe su vocabulario:*

1. *Los hierros mágicos:* en el texto, se refiere a los imanes.
2. *Todo es cuestión de:* sólo es preciso.
3. *Palmo a palmo:* completa y detalladamente.
4. *Reales:* unidad de moneda equivalente en España a 1/4 de peseta.
5. *Se asomaba al catalejo:* miraba por el catalejo.

III. *Resuma el texto en cinco líneas:*

....
....
....
....
....

Aspectos gramaticales

I. *Uso de «SE» con significado de forma pasiva* (el verbo concuerda con el sustantivo)

La carta **SE** recibió anteayer   (la carta fue recibida anteayer)

     SE alquilan pisos   (son alquilados pisos)

II. *Uso de «SE» con significado «medio»* (su uso es bastante frecuente y presenta matices muy diversos. El «SE» es en ocasiones opcional)

Esta enfermedad no **SE** cura fácilmente.

SE le cierran los ojos de sueño.

Luis **SE** ha olvidado la cartera en casa.

III. *Otros usos especiales*

El uso de la forma «SE» (así como «ME», «NOS») presenta diferentes matices:

a)   Ha ido a Sevilla

     SE ha ido a Sevilla   *(importa más la idea de origen)*

b)   Ayer comió un pollo

     Ayer **SE** comió un pollo   *(idea de énfasis)*

c)   Carlos cayó al agua

     Carlos **SE** cayó al agua   *(importa el «de dónde»)*

d)   Estuvo esperando una hora

     SE estuvo esperando una hora   *(énfasis en la permanencia)*

Prácticas orales

I. *Transforme, utilizando «SE» + VERBO:*

1. El juez pronunció la sentencia. .—.................................
2. Harán regalos a los niños. .—.................................
3. Aquí dicen siempre la verdad. .—.................................
4. En Andalucía toda la gente habla mucho. —.................................
5. Insultaron a todos los presentes. .—.................................
6. Aquí hacemos sillas nuevas. .—.................................
7. Arreglan relojes por poco dinero. .—.................................

II. *Complete:*

1. A Pedro le gusta (echar) .... en el suelo.
2. Cuando entre el director, tenéis que (poner) .... de pie.
3. He decidido (separar, yo) .... de mi mujer.
4. No (acercar, vosotros) .... demasiado al fuego.
5. Hoy (acostar, yo) .... más pronto que de costumbre.
6. Luis (levantar) .... siempre a las siete.
7. Las mujeres (peinar) .... muchas veces al día.

III. *Complete, añadiendo la forma pronominal:*

1. (Salir, él) .... del cine antes de que terminara la película.
2. Os disteis cuenta de que la fruta (estar pudriendo) ....?
3. ¿Sabes que Antonio (salir) .... de los curas?
4. (Marchar, nosotros) .... porque hemos terminado ya.
5. Cuando (ir, tú) ...., cierra la puerta.
6. Comieron y (escapar) .... sin pagar.
7. Ayer (caer) .... un hombre desde el quinto piso.

Actualmente son tantos los libros publicados que a veces los lectores necesitan orientación. Ésa es la función del crítico y de la recensión. En breves palabras se nos dan las ideas generales del libro y el valor que merecen al crítico.

ESTRUCTURA DE CLASES EN LA ESPAÑA ACTUAL

(De José Félix Tezanos. Ed. Cuadernos para el Diálogo, M.)

UNO de los aspectos más importantes del cambio social, que nuestro país está experimentando en todos los órdenes, es la propia transformación en la estructura de clases. En el decenio de los años sesenta, y como consecuencia del proceso de industrialización, por primera vez en nuestra historia aparece un proletario industrial numeroso y distribuido por casi toda la geografía nacional. Pero esta transformación no se produce aisladamente, sino acompañada de un incremento también muy notable, en el sector servicios. La sociedad española experimenta una transformación industrial generalizada, pero no según las pautas de la sociedad capitalista de principios de siglo, sino más bien en las coordenadas de lo que empiezan a ser las sociedades industriales avanzadas de nuestro tiempo. La estructura de clases, pues, ha evolucionado hacia el tipo de sistemas clasistas de las sociedades más industrializadas y, por tanto, empieza a presentar rasgos semejantes a los que presentan estas sociedades. Sin embargo, nuestra sociedad no ha evolucionado en un sentido lineal y total, como un todo armónico y único. Así, junto a áreas y sectores plenamente modernizados, nos encontramos con sectores en transición y también, claro está, con residuos —aún importantes— de las viejas estructuras que ponen en evidencia cómo la existencia de una acusada desigualdad social continúa siendo uno de los rasgos más característicos de nuestra realidad social.

HACER

PRODUCIR: En esta fábrica *se hacen* 1.000 coches diarios.

CONSTRUIR: *Hizo* la casa en un mes.

ARREGLAR: ¡*Haz* la cama!

REPRESENTAR EL PAPEL DE: En la próxima película *haré* de rey.

RELACIÓN AL TIEMPO TRANSCURRIDO: *Hace* un año.

RELACIÓN AL TIEMPO ATMOSFÉRICO: *Hace* buen tiempo.

EXPRESIONES:

Hacerse a un lado (ponerse a un lado).

Hacer el tonto (hacer tonterías, bromas).

Hacer caso (obedecer).

Hacer venir (obligar a venir).

Se hace tarde (llega la hora señalada).

Hacer un favor (ayudar a alguien).

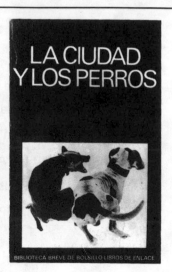

Quizás hace un siglo no habría parecido probable; hoy es realidad: los novelistas iberoamericanos se han hecho famosos. Incluso más: han dado un nuevo impulso, un nuevo vigor y un nuevo sello a la novelística. Tanto es así que los editores se disputan la edición de las obras de algunos autores, y algunos escritores y críticos españoles han hecho notar, no sin nostalgia, que la novela sudamericana está de moda y que los sudamericanos se llevan todos los premios literarios; lo cual equivale a decir que para ser aceptados es preciso que los escritores sigan las formas en boga.

Pero lo cierto es que los novelistas latinoamericanos han dado un verdadero ejemplo de cómo se pueden dar valores nuevos a las formas literarias, acercándose a los problemas del presente y utilizando, si es preciso, formas nuevas para realidades nuevas. Miguel Ángel Asturias, Cortázar, Vargas Llosa, G. G. Márquez, Rulfo, Borges, ..., son todos figuras relevantes de la novela actual hispanoamericana.

14 | *El siglo XIX en Madrid*

·En aquella época, Madrid era todavía una de las pocas ciudades que conservaba el espíritu romántico. Otras ciudades españolas se habían dado cuenta de la necesidad de transformarse; Madrid, no; Madrid seguía inmóvil, sin curiosidad, sin deseo de cambiar el ambiente de ficciones.

El estudiante madrileño, sobre todo el venido *de provincias*, llegaba a *la corte* con un *espíritu donjuanesco,* con la idea de divertirse, jugar, perseguir a las mujeres. Aunque existía el sentido religioso, del que muchos carecían y no les preocupaba gran cosa, los estudiantes de las *postrimerías* del siglo XIX venían a la corte con el espíritu de un estudiante del siglo XVII, con la ilusión de imitar, dentro de lo posible, a Don Juan Tenorio, y de vivir

> «Llevando a sangre y fuego
> amores y desafíos.»

El estudiante culto, a pesar de que quería ver las cosas dentro de la realidad e intentara adquirir una idea clara de su país y del papel que

representaba en el mundo, no podía. La acción de la cultura europea en España era restringida; los periódicos daban una idea incompleta de todo; la idea general era hacer creer que lo grande de España podía ser pequeño fuera de ella, y viceversa.

Se pensaba que si en algún país extranjero no se hablaba de las cosas de España, o hablaban de ellas en broma, era porque nos odiaban. España entera, y Madrid sobre todo, vivía en un ambiente de optimismo absurdo, creyendo que todo lo español era lo mejor.

Esa tendencia natural a la mentira contribuía al *estancamiento* de las ideas, al ambiente de inmovilidad que se reflejaba incluso en las cátedras.

Andrés pudo comprobarlo al empezar a estudiar medicina. Los profesores eran viejísimos; sin duda no los jubilaban por sus influencias.

Sobre todo aquella clase de Química era escandalosa. El viejo profesor recordaba las conferencias de célebres químicos extranjeros y creía que era él quien estaba descubriendo algo. Le gustaba que le aplaudieran, y los estudiantes le aplaudían *riendo a carcajadas*. A veces, a mitad de la clase, a alguno de los alumnos *se le ocurría* marcharse, se levantaba y se iba. Al bajar por la escalera de la gradería los demás alumnos marcaban el compás de sus pasos estrepitosos golpeando con sus bastones en el suelo.

En la clase se hablaba, se fumaba, se leían novelas... Alguno *llegó a presentarse* con una corneta, otro metió en la clase un perro vagabundo. Los estudiantes más descarados gritaban, rebuznaban, interrumpían al profesor. Una de las gracias de estos estudiantes era la de dar un nombre falso. Cuando el profesor se lo preguntaba, daban como suyo el nombre de algún político célebre o de algún torero. Y el profesor no reaccionaba; en el fondo los temía.

Andrés Hurtado, los primeros días de clase, no salía de su asombro. Todo aquello era demasiado absurdo. Él esperaba encontrar en la Universidad una disciplina fuerte y afectuosa al mismo tiempo, y se encontraba con una clase grotesca, en que los alumnos se burlaban del profesor. Su preparación para la ciencia no podía ser más desdichada.

(Adaptado de PÍO BAROJA, *«El árbol de la ciencia».*)

Comprensión y léxico

I. *Responda según la lectura anterior:*

1. ¿Cómo era Madrid en aquella época?
2. ¿Con qué idea llegaba a Madrid el estudiante venido de provincias?
3. ¿Qué idea daban de España los periódicos?
4. ¿Qué mentalidad se tenía en España con respecto al extranjero?
5. ¿Cómo se reflejaba este ambiente en las cátedras?
6. ¿Qué pudo comprobar Andrés al empezar a estudiar Medicina?
7. ¿Cómo era el viejo profesor de Química?
8. ¿Qué hacían los alumnos en clase?
9. ¿Cuál era la típica broma que gastaban al profesor?
10. ¿Qué esperaba encontrar Andrés en la Universidad y qué es lo que encontró en realidad?

II. *Amplíe su vocabulario:*

1. *Los estudiantes de provincias:* provenientes de cualquier pueblo o ciudad española, excepto Madrid.
2. *Espíritu donjuanesco:* propio de Don Juan Tenorio, conquistador, mujeriego y amante de las querellas amorosas.
3. *La corte:* la capital.
4. *Postrimerías:* finales.
5. *Estancamiento:* situación estática, no dinámica ni progresiva.
6. *Reírse a carcajadas:* reírse estrepitosamente, escandalosamente.
7. *Se le ocurría:* le pasaba por la imaginación.
8. *Llegó a presentarse:* incluso se presentó.

III. *Complete:*

La Universidad española a finales del siglo .... era más bien .... los estudiantes venidos de .... llegaban a la .... con la idea de divertirse y con un gran espíritu .... El estudiante serio no tenía ningún papel. Se creía entonces que todo lo español era lo .... del mundo y si en algún país extranjero no se consideraba así era porque .... a nuestra nación.

Aspectos gramaticales

I.

AUNQUE	
POR MÁS QUE	
A PESAR DE QUE	te entrenas cada día, corres poco
AUN CUANDO	

Las oraciones concesivas admiten el Indicativo si se trata de una acción experimentada. Si la acción no está experimentada o el hablante la presenta como tal, se usa el Subjuntivo aunque esta acción se esté realizando o ya se haya realizado. Por ejemplo:

AUNQUE te entrenes cada día, no conseguirás nada.

POR MÁS QUE grites, no te haremos ningún caso.

A PESAR DE QUE haga gimnasia, no se notan sus progresos.

AUN CUANDO hagamos el mismo viaje, no nos hablaremos.

II. *«MIENTRAS (QUE)»*

Puede tener varios valores:

1) *Valor temporal* (admite Indicativo y Subjuntivo)
   MIENTRAS lavas los platos, yo hago la cena.
   MIENTRAS laves los platos, yo haré la cena.

2) *Valor temporal-condicional* (sólo admite Subjuntivo)
   MIENTRAS no trabajes, no te compraré nada.

3) *Valor adversativo*
   Yo gano dinero, MIENTRAS que tú no haces nada.

Prácticas orales

I. Termine las siguientes frases prestando atención a la correlación de tiempos verbales:

1. Por más que *(ir)* .... al médico, no dejas de fumar.
2. Aunque me *(decir)* .... la verdad, no te creería.
3. No nos entenderemos aunque *(vivir)* .... juntos.
4. Aun cuando me *(hacer)* .... tantos regalos, no quiero salir contigo.
5. Por más que *(querer)* .... demostrar tus conocimientos, siempre serás un ignorante.
6. A pesar de que me *(conocer)* ...., no quiso saludarme.
7. Por más que se lo *(explicar)* ...., no entendió nada.

II. Complete:

1. Aunque estudiamos mucho, *no aprobamos.*
2. Aunque estudiemos mucho, ...
3. Aunque estudiábamos mucho, ...
4. Aunque estudiáramos mucho, ...
5. Aunque estudié mucho, ...
6. Aunque estudiéis mucho, ...
7. Aunque hemos estudiado mucho, ...

III. Cambie el Subjuntivo por el Indicativo:

1. Por más que quieras venir, no te dejamos. .—..............
2. Aunque te creas inteligente, siempre serás mediocre. .—..............
3. Por más que te empeñaras, nunca llegarías a conseguirlo. .—..............
4. Aunque vayas al cine, no verás esa película. .—..............
5. Mientras tengas dinero, podrás pasarlo bien. .—....................
6. Aunque celebraras tu cumpleaños, no iría a verte. .—....................
7. A pesar de que juegues bien, nunca ganas. .—....................

Variedades del lenguaje

La picaresca estudiantil es famosa desde siempre por las coplas que ha originado. Véase una muestra de una oración para implorar clemencia en la época de los exámenes.

«Esclarecida protectora de los examinandos, Santa Gema Galgani: Tú, que recibiste del Cielo inteligencia tan clara y memoria tan feliz, que ocupabas siempre los primeros puestos en las clases, alcanzabas las más altas calificaciones en los exámenes y obtenías premios extraordinarios en públicos certámenes; pero que, inflamada en la más tierna caridad, te angustiabas y sentías como propios los suspensos de tus compañeras de colegio; ya que contemplas desde el cielo mis pasados descuidos y negligencias en el cumplimiento de los deberes escolares, alcánzame el perdón que humildemente imploro, que sepa enderezar mis conocimientos y que, singularmente en esta circunstancia en que voy a examinarme, conserve rectitud de intenciones, serenidad de ánimo y equilibrio de nervios para que, obteniendo las brillantes calificaciones por las que suspiro, ensalce tu protección y eficacísimo valimiento, ahora y siempre, por los siglos de los siglos. Amén.»

Amenidades lingüísticas

Crítica deportiva

Las dos capitales más importantes de España, Madrid y Barcelona, se disputan la supremacía en el campo de fútbol. Y en torno a este hecho, los «hinchas» y «aficionados» de uno y otro equipo reflejan la rivalidad inconsciente entre dos ciudades que se envidian y se temen mutuamente.

FÚTBOL: Campeonato Nacional de Liga.
BARCELONA - REAL MADRID: Un espectáculo futbolístico por encima de los puntos.

SIEMPRE INTERESANTE

En cualquier circunstancia, un enfrentamiento del Barcelona y el Real Madrid es un espectáculo deportivo que tiene gancho suficiente para que, como esta noche, el aspecto del «Camp Nou» no desmerezca del acontecimiento.

¿Que no hay nada a discutir en cuanto a sus consecuencias para el título, que ya está atribuido a favor del equipo madridista? Bueno; pero siempre existen otras consideraciones que dan validez al interés del espectador.

En efecto, la máxima rivalidad dentro del fútbol nacional está establecida entre los dos grandes representantes del fútbol barcelonés y madrileño, y cada vez que juegan entre sí se reaviva el deseo de vencer aunque, como ahora, sólo se trate de una superación momentánea que puede durar lo que el propio partido.

Don Juan Tenorio

Pasé a Alemania opulento;
mas un Provincial jerónimo,
hombre de mucho talento,
me conoció, y al momento
me delató en un anónimo.
Compré a fuerza de dinero
la libertad y el papel;
y topando en un sendero
al fraile, le envié certero
una bala envuelta en él.
Salté a Francia, ¡buen país!,
y como en Nápoles vos,
puse un cartel en París
diciendo: «Aquí hay un Don Luis
que vale lo menos dos.
Parará aquí algunos meses,
y no trae más intereses
ni se aviene a más empresas
que adorar a las francesas
y a reñir con los franceses.»
Esto escribí; y en medio año
que mi presencia gozó
París, no hubo lance extraño
ni hubo escándalo ni daño
donde no me hallara yo.
Mas, como Don Juan, mi historia
también a alargar renuncio;
que basta para mi gloria
la magnífica memoria
que allí dejé con mi anuncio.
Y cual vos, por donde fui
la razón atropellé,
la virtud escarnecí,
a la justicia burlé
y a las mujeres vendí.

(ZORRILLA, *Don Juan Tenorio.*)

Quizá la mayor sinrazón del turismo sea la de convertir a los países en su propia y estereotipada caricatura. El turista que paga exige que se le sirva precisamente lo que quiere ver y ninguna otra cosa más. El cruel y deshumanizado lema de «El cliente siempre tiene razón» acabaría por envenenar a los países. Un París sin modistos de alta costura, un Nápoles sin hombres apasionados, morenazos y mujeriegos, una Andalucía sin toreros ni ferias, un Londres sin crímenes sangrientos, un Toledo sin judíos por sus estrechas callejuelas o un Madrid sin señoritos y *manolas*, es algo que defrauda y desinfla a los turistas más distinguidos.

El turista tiene unas imágenes fijas que las oficinas dedicadas a fomentar el turismo se encargan de ensanchar todo lo posible.

Fabián de Castro, el gitano de Jerez que se paseó por París y por el mundo tocando la guitarra y pintando cuadros, muy bien podría ser el exponente del antiturista, la expresión que deberían evitar las oficinas de turismo.

Hace ya muchos años, Fabián de Castro anduvo por Moscú dando conciertos de guitarra y unos recitales de cante flamenco. A su regreso al Occidente, un grupo de amigos le preguntó:

—¿Qué, don Fabián? ¿Qué le ha parecido Moscú?

Y don Fabián, que era un hombre solemne y preciso, contestó:

—Muy bien. A mí Moscú me gustó mucho. *Moscú viene a ser como Toledo, sólo que* con más iglesias.

Evidentemente don Fabián de Castro era todo lo contrario del perfecto turista, del típico turista que *marcha sobre seguro* y no admite sorpresas que no estén previstas por las agencias de viajes.

Desgraciadamente, don Fabián de Castro y los turistas no sólo *no tienen nada que ver*, sino que son el haz y el envés de la misma moneda.

Generalmente el turista no pide ni autenticidad ni emoción. Que haya excepciones no altera *en nada* nuestra teoría general. El turista no colecciona emociones, sino fotografías, y no le importa ver una realidad falsa si de ello puede llevarse un par o un centenar de retratos que testifiquen en su país de origen que ha hecho turismo.

De esta mixtificación de los pueblos a que conduce a menudo el turismo, ningún país puede escaparse, y aun los más auténticos acaban por *pasar por el aro*, por el tiránico aro de las divisas.

Las tascas para turistas son la clara muestra de lo que venimos diciendo. Una tasca con *botones* armados con trabuco, camareros *patilludos* y señoritas con trajes de lunares y peineta en el pelo es algo divertido para ser tomado a broma, pero es algo también que da un poco de vergüenza.

El escritor —dicho sea de paso— siempre se ha sentido defensor y partidario de lo que se viene llamando la España negra, quizá por creer que es la única que hay —o por lo menos, la única que merece la pena—, y quizá por pensar que esta España es mejor, mucho mejor que la España rosa y almibarada y que la España incolora empeñada en cogerse a la historia con un papel de fumar.

La imagen de esta España negra —la navaja en la liga y las tascas para turistas, por ejemplo— es lo que le preocupa al escritor, y no por un sentimiento de exaltación patriótica, del cual puede estar bien lejos, sino porque, a medida que los escritores empiecen a jugar en solitario y a tomarse como pintorescos sujetos de turismo, su propia vida y sus propias costumbres irán derivando inevitablemente hacia la fantasmada.

De todas formas nunca ha olvidado el escritor que *predicar en desierto* es un bonito y aleccionador deporte.

(Adaptado de C. J. CELA, *«Tascas para turistas».*)

Comprensión y léxico

I. *Responda según la lectura anterior:*

1. ¿En qué convierte el turismo a los países?
2. ¿Qué exigen los turistas?
3. ¿Qué aportan las agenclas a la mente de los turistas?
4. ¿Quién fue Fabián de Castro?
5. ¿Qué opinión dio don Fabián de Moscú?
6. ¿Tiene algo que ver don Fabián con los turistas?
7. ¿Qué busca el turista en los países que visita?
8. ¿Cómo son las tascas para turistas?
9. ¿Cómo es la España negra?
10. ¿Qué papel juegan los escritores de cara al turismo?

II. *Amplíe su vocabulario:*

1. *Manolas:* imagen femenina tradicionalmente típica de Madrid.
2. *Moscú viene a ser como Toledo:* Moscú se parece a Toledo.
3. *Sólo que:* pero.
4. *Marchar sobre seguro:* no esperar sorpresa alguna.
5. *No tiene nada que ver:* no se parece en absoluto.
6. *En nada:* en absoluto.
7. *Pasar por el aro:* adaptarse a lo establecido.
8. *Botones:* muchachos dedicados a abrir las puertas de los establecimientos.
9. *Patilludos:* con patillas largas.
10. *Predicar en desierto:* decir cosas a las que nadie presta atención.

III. *¿Cómo es el turista típico según el texto?:*

1. ....
2. ....
3. ....
4. ....
5. ....

Aspectos gramaticales

FORMAS DE EXPRESAR LA IMPERSONALIDAD:

• **Verbos típicamente impersonales propios de fenómenos de la naturaleza: sólo se emplean en 3.ª persona.**

> **HA LLOVIDO** mucho.
>
> El verano pasado **NEVÓ,** aunque parezca extraño.

• **Verbos impersonales gramaticales:** *(haber), (hacer), (ser).*

> ¿**HAY** un hotel en este lugar?
>
> **HACE** mucho frío.
>
> **ES** evidente que no vamos a salir.

• **Uso del verbo en 3.ª persona del plural.**

> **CUENTAN** que esto sucedió en Uruguay.
>
> **HAN LLAMADO** por teléfono.

• **Uso del verbo en 2.ª persona del singular o del plural.**

> Tú **TE MATAS** a trabajar y los demás obtienen los beneficios.

• **Verbo en 1.ª persona del plural.**

> **VAMOS** a tener un invierno muy duro.
>
> Los líquidos, **CREEMOS,** son el segundo elemento de la naturaleza.

• **SE + verbo + adverbio / SE + verbo / SE + verbo + prep. + N.**

> **SE RÍE** mucho aquí.   /   **SE VA** tirando.

• **Los verbos pronominales, como** *QUEJARSE, ATREVERSE,* ... **deben ir precedidos de** *UNO* **o** *ALGUIEN* **para expresar la impersonalidad.**

> **UNO SE QUEJA** siempre de los precios.
>
> **ALGUIEN SE ATREVERÁ** a llegar el primero.

Prácticas orales

I. *Convertir las siguientes oraciones en impersonales:*

1. Los grandes hombres trabajan muchas horas. .—.....................
2. Las mujeres nos quejamos siempre de los precios. .—.....................
3. No podemos hacerlo, evidentemente. .—.....................
4. Me han dicho mis amigos que tuvieron un accidente. .—.....................
5. Ella no se atreve a venir sola. .—.....................
6. Trabajan cuanto pueden. .—.....................
7. Todos lo saben, por supuesto. .—.....................

II. *Completar las siguientes frases impersonales:*

1. Se compra ....
2. Se dice ....
3. Se come ....
4. Se habla ....
5. Se pasea ....
6. Se lee ....
7. Se oye ....

III. *Forme frases con los verbos o expresiones que se citan a continuación, utilizando el recurso que le parezca más adecuado:*

1. (Arrepentirse) .—.....................................
2. (Levantarse) .—.....................................
3. (Trabajar) .—.....................................
4. (Avisar) .—.....................................
5. (Atenerse) .—.....................................
6. (Irse) .—.....................................
7. (Ser simpático) .—.....................................

Variedades del lenguaje

La propaganda turística y su lenguaje

Véase una muestra del típico libro que intenta ensalzar las excelencias del país de cara al turismo:

LA HUERTA Y SUS VIVIENDAS

La ciudad de Valencia, además de haber sido la capital del antiguo Reino del mismo nombre (valor histórico) y de ser la capital de la provincia igualmente denominada (valor administrativo), es también la cabeza de una comarca llamada, con mayúscula, la Huerta (valor geográfico).

La Huerta de Valencia es una llanura, primorosamente cultivada en general, de unos 27 kilómetros de longitud por unos 11 de anchura entre sus puntos más distantes, que son: Puzol al norte, con referencia a Catarroja al sur, y Manises al oeste, con referencia a la playa de la Malvarrosa al este. Esta llanura ha sido asimilada a un triángulo isósceles de lados irregulares, cuya base es el mar y cuyo vértice se halla en el río Turia, entre Paterna y la mencionada ciudad de Manises.

En todo tiempo, autores forasteros han alabado esta Huerta por su agradable aspecto y por su feracidad. El historiador Juan de Mariana, por ejemplo, tras describir a su manera los aludidos predios, decía nada menos: «tales eran los Campos Elíseos, paraíso y morada de los bienaventurados, según lo refirieron los poetas antiguos».

Cierto es que el crecimiento de la urbe valenciana viene siendo a costa de las tierras huertanas. Pero, aparte de que ello es compensado por el aumento de regadíos, la Huerta todavía conserva muchos de sus atractivos, entre ellos las barracas y las alquerías.

La barraca es una vivienda de probable origen palafítico, lo cual abona su remoto origen. Desde luego, se construía con materiales del país: las paredes, con adobes formados de barro y cáscaras de arroz; las cubiertas, con armazón de cañas a las que se sujetaba la broza de distintas especies, procedentes de la Albufera o terrenos limítrofes. Y resultaba una morada funcional, limpia y confortable, que ha sido cantada por el poeta Llorente y popularizada por el novelista Blasco Ibáñez.

Menos suerte ha tenido en este sentido la alquería, construcción de más entidad arquitectónica, que muchas veces era al mismo tiempo vivienda de los señores y de los cultivadores directos del campo. En su construcción entraba a menudo la piedra labrada. Y los ejemplares subsistentes muestran valiosos testimonios del gótico y del barroco.

Amenidades lingüísticas

En los trenes, en los autobuses, en el metro..., personas con su periódico sobre la rodilla, pensativas, absortas, gastan sus horas tratando de encontrar solución a los más endiablados rompecabezas y acertijos. ¿Se atreve usted con éste?

JEROGLÍFICO

«¿Qué le regalo?»

SOLUCIÓN:

Unos pendientes a Úrsula.

Cultura hispánica

Tópicos típicos

EJERCICIO.—¿Qué se piensa tópicamente de ....?

1. Los mexicanos: ....
2. Los argentinos: ....
3. Los españoles: ....
4. Los suecos: ....
5. Los ingleses: ....
6. Los americanos: ....

A la gran diversidad de regiones físicas existentes en *Iberoamérica* se añade una aparente diversidad política y sobre todo una gran variedad de razas, culturas y estructuras sociales. Pero en el fondo late una profunda unidad. Los estados Iberoamericanos, surgidos todos en el siglo XIX al conquistar la independencia política son, por regla general, expresión de las clases altas —*los criollos*— que iniciaron y consumaron el proceso independentista y se convirtieron en *estrechos aliados* de los Estados Unidos, país que desde entonces ejerció una tutela política y económica sobre Iberoamérica.

La diversidad de razas y de culturas se encuentra en el interior de cada país, aunque está muy atenuada por la importancia que las uniones interraciales han tenido siempre. En casi todos los países encontramos una mayoría de *mestizos* y —en menor proporción—, de *mulatos,* especialmente en Brasil, México, Colombia, Chile y Venezuela. De hecho, la principal diferencia es cultural: no se distingue al «negro», «indio», «mestizo» o «blanco», sino al que vive como «mestizo» o «blanco». Estas diferencias sociales vienen determinadas por el lugar que cada grupo ocupa en el sistema social. Los «blancos» y su modo de vida personifican a las clases altas (y actualmente también a las clases medias urbanas), mientras que «indios» y «negros», que desde la época de la colonización han quedado reducidos a ser la mano de obra que los blancos utilizaban, se identifican con la cultura de las clases más bajas. Los «mestizos» y los «mulatos» continúan siendo a menudo los grupos intermedios.

Si las diferencias entre las capas sociales de los países iberoamericanos pueden parecer importantes, los puntos en que todas las naciones se asemejan no lo son menos: dependencia respecto a uno o dos productos de exportación, estructuras agrarias anticuadas, industrialización débil o nula, urbanización acelerada, crecimiento demográfico muy alto, existencia de una minoría social privilegiada y de una inmensa mayoría que vive pobremente, inestabilidad política como reflejo de los desequilibrios entre las diferentes clases sociales...

La tierra, su distribución y la forma de explotación, ha sido y es aún *hoy en día* el elemento determinante de la estructura social. En Iberoamérica persiste la gran propiedad, herencia de la colonización española. El reparto de la tierra se hizo históricamente en forma de grandes propiedades de varios miles de hectáreas y teniendo en cuenta una doble finalidad: el cultivo de uno o dos productos destinados a la venta para proporcionar grandes ingresos a los propietarios y el mantenimiento de una miserable agricultura de subsistencia de los *trabajadores eventuales* en las tierras más pobres. Grupos importantes de población fueron incluso expulsados de sus tierras, debiendo buscar refugio en zonas casi incultivables. De ahí deriva la situación actual que, a excepción de muy pocas naciones, se distingue por la existencia de grandes latifundios pertenecientes a una minoría. En muchos casos el 65 por 100 de la tierra está en manos de propietarios que poseen más de 1.000 hectáreas.

Comprensión y léxico

I. *Responda:*

1. ¿Qué diferencias existen entre las regiones de Iberoamérica?
2. ¿En qué época surgieron la mayor parte de los estados iberoamericanos?
3. ¿Qué misión llevaron a cabo los criollos en Iberoamérica?
4. ¿Cuál es la diferencia más importante entre las razas de cada país?
5. ¿Con qué clase social se identifican los «indios» y los «negros»?
6. ¿Existen también puntos de semejanza entre las diferentes clases sociales? ¿Cuáles son?
7. ¿Cómo está distribuida la tierra?
8. ¿Cuál es el elemento determinante de la estructura social?
9. ¿Qué ocurrió con algunos grupos importantes de la población?
10. ¿Cuál es la situación actual en el campo?

II. *Amplíe su vocabulario:*

1. *Iberoamérica:* Hispanoamérica, Latinoamérica.
2. *Criollo:* nacido de padres europeos.
3. *Estrechos aliados:* íntimos aliados.
4. *Mestizos:* nacidos de padres de razas distintas.
5. *Mulato:* nacido de negra y blanco o viceversa.
6. *Hoy en día:* hoy día, actualmente.
7. *Trabajadores eventuales:* trabajadores por períodos determinados de tiempo.

III. *Escriba en siete líneas los puntos principales del tema leído:*

1. ....
2. ....
3. ....
4. ....
5. ....
6. ....
7. ....

Aspectos gramaticales

I. VALORES DE «COMO»

1. *Igualdad:*   Tu hermano es **COMO** ella.
2. *Valor condicional:*   **COMO** no me escribas a menudo, me enfadaré.
3. *Valor consecutivo:*   **COMO** nadie le hiciera caso, se fue.
4. *Valor modal:*   Escríbelo **COMO** quieras.

II.

1. **POR MÁS QUE** llueva, no tendré miedo. ⎫
   POR MUCHO QUE coma, no engordaré. ⎭ *(aunque...)*
2. **POR MUY** estudioso que sea, no aprobará.   *(aunque sea muy...)*

Lo mismo con «poco»: **POR POCO** que llueva ...... *(aunque llueva poco).*

III.

1. **MIRA POR** tu salud = *(cuida de* ....)
2. **SE PUSO A** llorar = *(empezó a* ....)
3. **SE METIÓ DE** camarero en un bar = *(se puso a trabajar como ...)*
   SE METIÓ A *cura sin gustarle* = *(se hizo* ....)
4. **SE HIZO CON** todo el dinero robado = *(se apropió de* ......)
5. **NO VA CON** tu carácter = *(no es propio de* ......)
   Esta camisa **NO VA CON** el color de la chaqueta = *(no hace juego, no armoniza con* ......)

Prácticas orales

I. *Transforme, utilizando* **como:**

Si no me lo dices, me enfadaré.   .—Como no me lo digas, me enfadaré.

1. Se marchó porque nadie le hacía caso. .—...
2. Antonio es igual que su hermano.   .—.....................................
3. Hazlo de la forma que quieras.   .—.....................................
4. Si no estudias, no aprobarás el examen. .—.....................................
5. Se divorció porque no se llevaba bien con su mujer.   .—.......................
6. Eres lo mismo que tu padre.   .—.....................................
7. Si vienes antes de las cinco, no me encontrarás en casa. .—..................

II. *Transforme, utilizando el subjuntivo:*

Vendrán antes de marchar.   .—Vendrán antes de que marchen.

1. Se despedirá de ella antes de coger el avión.   .—.........................
2. Comeremos sólo verduras hasta sentirnos mejor.   .—.........................
3. Lo arreglaremos todo sin saberlo ellos.   .—.........................
4. Jugad para divertiros.   .—.........................
5. Lavaos las manos antes de comer.   .—.........................
6. No me iré sin saberlo.   .—.........................
7. Conducirá después de poner el coche en marcha.   .—.........................

III.

Lo que hacemos es ilegal.   .—Lo que hagamos será ilegal.

1. Lo que oigo es absurdo.   .—.....................................
2. Lo que escogéis no vale nada.   .—.....................................
3. Lo que cuentan no es verdad.   .—.....................................
4. Lo que rifan tiene poco valor.   .—.....................................
5. Lo que tengo he de darlo a mis padres.   .—.....................................
6. Lo que venden es de mucha calidad.   .—.....................................
7. Lo que pido no me lo dan.   .—.....................................

Variedades del lenguaje

El dinero y su lenguaje

BOLSA DE BILBAO

Bilbao, 27.—La reapertura semanal ha sido nuevamente acompañada de una sesión de tendencia vendedora que ha afectado por igual a todos los grupos contratantes. El mercado se ha visto desbordado por la presencia del papel, pese a la existencia de numerosas instrucciones ' compradoras, que han sido insuficientes para evitar este desgaste que acusan las cotizaciones.

La actividad ha sido la normal en el comienzo de semana, habiendo descansado la mayor negociación en torno a Iberduero, que ha señalado trece alternativas, variando entre 233 y 226, para cerrar a 228 enteros, lo que supone una pérdida superior a cinco duros.

Los demás valores del grupo eléctrico han seguido la misma orientación. Lo mismo cabe añadir de los sectores bancario, siderúrgico y químico, donde ha quedado huella de este mal momento.

Cerrada la contratación, la bolsa seguía ofrecida.

Índice general, 104,69 — 0,71.

Suben 20, bajan 34 y repiten 35.

MERCADO DE DIVISAS

CAMBIOS AL DÍA 27 DE MAYO DE 1975

	Comprador (Ptas.)	Vendedor (Ptas.)
1 Dólar U.S.A.	55,585	55,755
1 Dólar canadiense ...	54,123	54,344
1 Franco francés cial.	13,969	14,030
1 Libra esterlina	129,212	129,831
1 Franco suizo	22,422	22,536
100 Francos belgas... ...	158,782	159,724
1 Marco alemán	23,785	23,909
100 Liras italianas... ...	8,907	8,949
1 Florín holandés ...	23,069	23,187
1 Corona sueca	14,183	14,263
1 Corona danesa... ...	10,257	10,308
1 Corona noruega ...	11,259	11,316
1 Marco finlandés ...	15,724	15,817
100 Chelines austríacos.	335,192	338,257
100 Escud. portugueses.	228,275	230,869
100 Yens japoneses ...	19,075	19,166

(Información facilitada por el Banco Exterior de España)

EJERCICIO.—*Explique los siguientes términos:*

1. La Bolsa de Bilbao.
2. Papel.
3. Sectores.
4. Valores.
5. Contratación.
6. Divisas.

CRUCIGRAMA

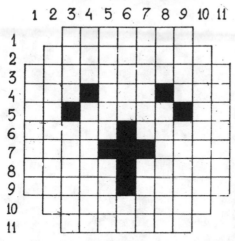

HORIZONTALES.
1: Correa con que se mantiene cogida la cola del caballo. 2: Fam., borricada, barbari d a d, necedad. — 3: De color pálido o bajo en su línea. — 4: Espacio de tierra para trillar. Observar. Lista, nómina, catálogo.—5: Preposición. Niños pequeñitos. Nombre de consonante.—6: Entrar en la dignidad o empleo a que se tiene derecho. Desató o desciñó.—7: Fogón. Flancos de un ejército.—8: Fruto de la palmera. Guarida de ciertos animales.—9: En Salamanca, aprovecha. Pelo de las ovejas y carneros, en plural.—10: Que otean. 11: Islas pequeñas.

VERTICALES. —
1: Quitó la soldadura.—2: Aeronave provista de motores y de unos planos rígidos llamados alas.—3: Antigua confederación de varias ciudades de Alemania. Tres en r a y a (juego).— 4: Movimiento convulsivo h a b i t ual. Organo situado entre la frente y la boca, en plural.— 5: Remover, destituir. Que guarda la debida fidelidad.—6: Se introduzcan los líquidos en un cuerpo permeable.. Nota m u s ic a l. — 7: Emanación que despiden algunos cuerpos y producen una sensaci ó n característica en el órgano del olfato, en plural. Poblaci ó n de Gerona.—8: Hogar. Medio asaré o asaré ligeramente.—9: Hablando de la herencia, r e c i birla. Ocupes con alguna cosa un espacio vacío.—10: Prohijaras. 11: Aceitosas.

SOLUCIÓN:

Cultura hispánica

La cultura azteca

*Entre las culturas más sobresalientes de la época prehispana, destaca
la de los aztecas y toltecas, en México. Las obras de arte que aún hoy
día podemos contemplar son la prueba más patente de ello.*

Tres cosas me tiene preso
de amores el corazón:
la bella Inés, el jamón,
y las berenjenas con queso.

Así cantaba un poeta sevillano las excelencias de su *plato* preferido en el siglo XVI.

La cocina española, sin embargo, no se limita a berenjenas con queso. Se dan en España gran variedad de usos y maneras de cocinar que responden a los rasgos peculiares de cada región peninsular. Dos tipos de grasas se utilizan primordialmente para preparar los alimentos: el aceite de oliva y la manteca de cerdo. La mantequilla de vaca, a diferencia de lo que ocurre en otros países, sólo excepcionalmente se emplea en la preparación de la comida española.

En términos generales la cocina española participa de las características propias de la cocina mediterránea: sus *elementos* fundamentales son el pescado, las hortalizas y el arroz, probablemente introducido en España por los árabes. *A propósito del arroz,* en España se conocen 365 fórmulas para cocinarlo. Pero entre todas ellas sobresale como la más importante y mundialmente conocida la *paella*. La paella consta de muchos y variados ingredientes y reúne sabores incluso opuestos: carne (pollo o cerdo), pescado (calamares, sepia, rape, mariscos...) y vegetales (judías tiernas, alcachofas, guisantes...).

Si la paella es la especialidad española más conocida, el cocido, aunque de menos fama, también está presente en todas las regiones de la Península e incluso en las islas Baleares y Canarias. En Cataluña adopta la variedad típicamente llamada «carn d'olla», en Castilla el cocido *toma el nombre* de puchero, en Galicia se habla de pote gallego y en Andalucía el cocido andaluz es prácticamente igual que el cocido madrileño.

La zona central de España, que comprende las dos Castillas, Extremadura y Aragón, se ha distinguido siempre por el asado, ya sea de cordero, ya sea de cerdo. Esta especialidad está en relación con la riqueza de cereales de esta área peninsular, con la arraigada tradición pastoril de sus habitantes y con la legendaria sobriedad del hombre castellano. Junto con el asado, los productos del cerdo (jamón serrano y chorizos especialmente) han llegado a convertirse en elementos distintivos de la cocina española.

En el norte de España la cocina está ligada a las condiciones del mar. El bacalao es un ingrediente básico, porque a su pesca se dedican los vascos y gallegos *desde muy antiguo.*

Andalucía es un punto donde confluyen la cocina mediterránea y la castellana y donde *se perciben* residuos de la cocina morisca. El gazpacho, sopa fría de vegetales, ha alcanzado merecida fama *por doquier,* junto con las frituras de pescado *a base de* aceite de oliva.

Mas no se completarían las excelencias de la mesa española sin mencionar los vinos. El español suele acompañar sus comidas con vino. Éstos son tan variados y diversos que sería imposible enumerarlos todos. Tan esencial es el vino para el español, que el refranero ha recogido sabiamente este sentir en un *dicho* popular: «Con pan y vino se anda el camino.»

Comprensión y léxico

I. Responda:

1. ¿A qué responden los usos y maneras de cocinar en España?
2. ¿Se usa mucho la mantequilla en la cocina española?
3. ¿Qué tipos de grasas se utilizan primordialmente para preparar los alimentos?
4. ¿Cuáles son los elementos fundamentales de la cocina española?
5. ¿Cuál es la fórmula más importante en España para cocinar el arroz?
6. ¿Conoce alguno de los ingredientes de la paella?
7. ¿Qué variedad adopta el cocido en Cataluña?
8. ¿Cuál es la especialidad de las dos Castillas?
9. ¿De qué está hecho el gazpacho?
10. ¿Qué papel juega el vino en las comidas españolas?

II. Amplíe su vocabulario:

1. *Plato:* en el texto, comida.
2. *Elementos:* en el texto, componentes, ingredientes.
3. *A propósito del arroz:* hablando del arroz, ya que hablamos del arroz.
4. *Toma el nombre:* recibe el nombre.
5. *Desde muy antiguo:* desde hace mucho tiempo.
6. *Se perciben:* se descubren.
7. *A base de:* con el aceite de oliva como elemento esencial.
8. *Por doquier:* por todas partes.
9. *Dicho:* refrán, frase famosa.

III. Corrija el siguiente resumen sobre la lectura anterior y razone sus correcciones:

La cocina española se diferencia de la europea en el hecho de que utiliza manteca de cerdo en vez de mantequilla. Es un tipo de cocina muy característico que apenas se asemeja a la cocina mediterránea. Según las diferentes regiones españolas, la paella es propia de Alicante, el cocido de Castilla, etc. Es importante destacar que la cocina andaluza es poco original y su plato más exquisito es el gazpacho, especie de fritura a base de aceite.

Aspectos gramaticales

I.

Vigilar	⟶ VIGIL - **ANCIA**	(expresan la acción sustantivada de los verbos a los que se añaden)
Advertir	⟶ ADVERT - **ENCIA**	» »
Temblar	⟶ TEMBL - **OR**	» »
Cobrar	⟶ COBRA-D - **OR**	» »
Construir	⟶ CONSTRU-CT - **OR**	» »
Loco	⟶ LOC - **URA**	(expresan una idea abstracta)
Blanco	⟶ BLANC - **URA**	» »
Libro	⟶ LIBR - **ERO**	(persona que se dedica a ....)
Toro	⟶ TOR - **ERO**	» »

II.

Mon - **ARQUÍA**	(idea de gobierno)
Sui - **CIDIO**	(acción de matar)
Demo - **CRACIÁ**	(idea de gobierno)
Petrolí - **FERO**	(que produce)
Hispanó - **FILO**	(idea de amistad)
Telé - **FONO**	(sonido)
Pató - **GENO**	(idea de origen)
Tipo - **GRAFÍA**	(escribir)
Psiquia - **TRÍA**	(medicina)
Herbí - **VORO**	(comer)

> Algunos sufijos son más productivos que otros. Cada uno de ellos añade a la raíz un significado concreto: idea de gobierno, de origen, etc.

Prácticas orales

I. *Forme palabras derivadas:*

1. Repugnar ....   Loco ....
2. Tierno ....   Pastel ....
3. Orar ....   Blanco ....
4. Abrir ....   Zapato ....
5. Construir ....   Hablar ....
6. Cantar ....   Libro ....
7. Ocurrir ....   Advertir ....

II. *Explique su composición y significado:*

1. Autónomo   .—..
2. Carnívoro   .—..
3. Geometría   .—..
4. Autocracia   .—..
5. Canccrígeno   .—..
6. Autarquía   .—..
7. Parricidio   .—..

III. *Dé la palabra adecuada:*

1. Persona a quien le gusta todo lo
   relacionado con lo español.   .—..
2. Médico que se cuida de los niños.   .—..
3. Mineral que contiene oro.   .—..
5. Medición de distancias.   .—..
6. Acción de matarse a sí mismo.   .—..
7. Gobierno del pueblo.   .—..

Las recetas culinarias constituyen el atractivo de las revistas dedicadas a la mujer. Y los turistas prefieren elegir, siempre que les es posible, platos o comidas típicas. El «cochinillo asado» es típico de la Meseta Castellana.

COCHINILLO ASADO

INGREDIENTES: Un cochinillo de tres a cuatro kilos, limpio; 100 gramos de manteca de cerdo, fresca; cuatro dientes de ajo.

MODO DE PREPARARLO: Se abre el cochinillo por el espinazo, desde la cabeza al rabo. Se sazona. Se coloca en una tartera de barro, poniendo debajo del cochinillo unos palos de laurel. Echar un cuarto de litro de agua en la tartera. Meter en el horno, a unos ciento veinte grados de temperatura, durante una hora. El cochinillo deberá ser introducido en el horno con la parte interior hacia arriba. Después se le da la vuelta, y se prosigue la cocción durante unos tres cuartos de hora, aproximadamente, con el horno un poquito más fuerte. Se le dan unos picotazos con el tenedor y se unta con la manteca, utilizando un pincel. El ajo se habrá picado de antemano. Rectificar con sal y agua. El cochinillo debe salir crujiente para trinchar con el borde de un plato.

EJERCICIO.—*Describa una receta típica de su país o región.*

ALGUNOS SIGNIFICADOS DE «ECHAR»

LANZAR: Echar algo por la ventana.

INCLINARSE: Echarse hacia atrás o hacia adelante.

SALIR: Brotar: Los rosales ya han echado rosas.

BEBER: Echar un trago.

PRONUNCIAR: Echar un discurso.

ADQUIRIR: Echarse novia.

EXPRESIONES:

Echar a la cara.

Echar a suertes.

Echar maldiciones.

Echar tacos.

Echarse a correr.

EJERCICIO.—*Intente asociar cada uno de estos platos con un país hispano.*

La primera mitad del siglo XVI presenció uno de los fenómenos humanos más considerables de la historia de España: la expansión de Castilla a través del Atlántico y el descubrimiento y colonización de América. En aquel momento Castilla hizo historia.

Quizá, como ningún otro país, pudiera Castilla, a principios del siglo XVI, *hacer frente a* esa enorme tarea. Y ello por varias razones:

En primer lugar, la extraordinaria vitalidad del hombre castellano del siglo XV; a pesar de las guerras civiles por las que había pasado, el castellano de la época manifestaba unos deseos de grandeza y expansión patentes en hechos políticos y literarios.

En segundo lugar, la tensión provocada por la implantación en el país de un estado autoritario y centralizado. Hasta los Reyes Católicos, las regiones, agrupadas en reinos, gozaban de una autonomía absoluta.

En tercer lugar, la *concepción nómada de la vida.* Los castellanos de la época tenían un deseo inagotable de aventuras. El pastor trashumante, el soldado de la Reconquista, el hombre que ansía nuevos horizontes, va a América continuando lo que hacía en su patria: un incesante moverse hacia adelante e ir de un lado para otro.

Un cuarto factor es el fuerte deseo de riquezas materiales. No se crea que los castellanos únicamente fueron a América impulsados por la religión; el mito del oro brillaba en la mente de aquellos *hidalgos* valerosos y arruinados por los grandes propietarios. Esa gente, que tenía una energía vital sin posible empleo en un negocio a gran escala para el que no estaba preparado, halló su *escapatoria* en el espejismo del oro y de la plata, en la ilusión de la riqueza alcanzada *de golpe,* ya porque pensaba en un buen botín, ya porque tenía intención de adquirir tierras e indios.

Finalmente, el espíritu de misión y de justicia. A lo largo del siglo XV había surgido en Castilla una selecta serie de hombres que consideraban que su pueblo estaba vinculado a una misión evangelizadora. Y, además, iban a América con un gran deseo de justicia, de establecer un orden nuevo. Ahora bien, en el aspecto económico, la Iglesia era totalmente conservadora, y por ello, con el espíritu de justicia, estableció en América el mismo régimen señorial, la misma organización latifundista que tenía en España.

Pero, descubierta América, vino la decepción. La realidad no era como la propaganda había dejado entrever. De América no llegaba absolutamente nada. Era un continente de una riqueza natural inmensa, pero sin población, sin estructura social ni política que permitiera sacar provecho de sus tesoros naturales. Y así se pensó en aprovechar aquellas tierras para la colonización y se mandaron a América semillas y ganados, herramientas y utensilios, que debían constituir la base de la colonización de las Antillas.

Al cabo de poco tiempo, descubiertos México y Perú, empiezan a llegar a España montones de oro, junto con las noticias del rico e inmenso imperio indígena que estaba establecido allí.

Y los castellanos empiezan a emigrar *en masa* hacia México y Perú, con tal impulso, que, a lo largo de una sola generación, ocuparon el inmenso territorio que comprende desde Río Grande hasta Tierra de Fuego.

(Adaptado de VICENS VIVES, «*Historia Económica de España*».)

Comprensión y léxico

I. Responda:

1. ¿Qué ocurrió en la primera mitad del siglo XVI?
2. ¿Por qué estaba Castilla entonces preparada para enfrentarse con tan enorme tarea?
3. ¿Cómo era el castellano de aquella época?
4. ¿Qué problemas de tipo político existían entonces en el país?
5. ¿Qué concepción tenían los castellanos de la vida?
6. ¿Con qué finalidad van a América los castellanos?
7. ¿Qué tuvo que ver el aspecto religioso en el descubrimiento de América?
8. ¿Qué régimen económico fue establecido en América después del descubrimiento? ¿Por qué?
9. ¿Por qué vino la decepción después del descubrimiento?
10. ¿Qué ocurrió después de ser descubiertos México y Perú?

II. Amplíe su vocabulario:

1. *La primera mitad del siglo XVI presenció:* tuvo lugar en la primera mitad del siglo XVI.
2. *Hacer frente a:* emprender, llevar a cabo.
3. *Concepción nómada de la vida:* concepción que implica no pensar en una forma de vivir estática.
4. *Hidalgo:* persona que vivía de sus propiedades, pero no poseía ningún título nobiliario.
5. *Escapatoria:* salida, solución.
6. *De golpe:* de una sola vez y rápidamente.
7. *Al cabo de:* después de.
8. *En masa:* masivamente, en grupos cuantitativamente grandes.

III. Resuma en cinco frases los motivos por los que España, según el texto, colonizó América:

1. ....
2. ....
3. ....
4. ....
5. ....

Aspectos gramaticales

I.

> No me marcho **PORQUE** llueve.
>
> Nunca sacará el título de médico, **PUES** apenas estudia.
>
> **COMO** no llamabas por teléfono, decidí irme sola.
>
> **YA QUE** te empeñas, aceptaré tu regalo.

> Las frases causales sólo admiten Indicativo porque presentan un hecho ya realizado.

II.

> En algunos casos las oraciones causales admiten Subjuntivo:
>
> *a)* Vivía en la ciudad, no **PORQUE** le gustase, sino **PORQUE** necesitaba trabajar. *(Negamos la causa.)*
>
> *b)* No tengo que ser su criado **PORQUE** sea rico *(equivale a AUNQUE).*

III.

> Se esforzó tanto **QUE** terminó rendido.
>
> Era una persona **TAN** cortés **QUE** siempre tenía algo amable que decir.
>
> Tenía una habilidad **TAL QUE** nos dejaba boquiabiertos.
>
> Siempre dices tonterías, **ASÍ QUE** no te hago caso.

> Las oraciones consecutivas se construyen normalmente con Indicativo. Excepto con la conjunción *«DE AHÍ QUE».* Ejemplo:
>
> Se le murió su madre, **DE AHÍ QUE** estuviera tan triste.

IV.

> Parece **COMO SI** fuera a llover. Hablaba **COMO SI** fuera tartamudo.
>
> *«COMO SI»* se construye siempre con pasado de Subjuntivo.

Prácticas orales

I. Aplique a las siguientes frases una conjunción:

1. Si te engañan no será .... no te lo haya advertido.
2. Ya lo he decidido yo, ... nos iremos mañana.
3. .... no saben nada, no vendrán con nosotros.
4. Me molesta tu carácter, ... me voy.
5. .... estoy en España, aprovecharé para aprender español.
6. Lo hizo, no .... estuviera obligado, sino porque le gustaba.
7. Nunca podrá salir de viaje .... no tiene dinero.

II. Construya frases con las partículas siguientes:

1. Tanto que   —...
2. Tal que   —...
3. Tan ... que   —...
4. De ahí que   —...
5. Como si   —...
6. Porque   —...
7. Ya que   —...

III. Ponga el verbo en el tiempo y persona convenientes:

1. Me voy a trabajar, porque (ser) .... la hora.
2. No nos divertiremos mucho, pues apenas (haber) .... gente.
3. Perdió el empleo, de ahí que (estar) .... tan triste.
4. Actuaba como si (ser) .... el jefe.
5. Como no (quedar) .... nadie en casa, cerré la puerta con llave.
6. Estudian porque (tener) .... un examen pasado mañana.
7. Lo (hacer) .... tan bien que le dieron el primer premio.

Variedades del lenguaje

La sátira cómica

En las revistas populares se incluye normalmente una sección dedicada a solucionar los problemas «amorosos» y sentimentales de los lectores. Sin embargo, en alguna publicación los temas son ampliados y tratados irónicamente.

CONSULTORIO POLITICO SENTIMENTAL

RESPUESTA A V. B. N.—Su carta es muy larga y el papel prensa muy caro, y darle cumplida respuesta requeriría ampliar el número de páginas de esta revista. De todas formas, su razonamiento sobre el fraude fiscal de Nixon, no es válido. Norteamérica es una democracia y, por tanto, su presidente no puede decir, como usted sugiere: «Sí, he defraudado al Fisco. Pero el Fisco soy yo, o sea, que peor para mí.» Revise sus conceptos sobre los sistemas de gobierno, si bien todos pueden resumirse en esta frase: «Madre no hay más que una.»

RESPUESTA A UN TELEVIDENTE.—Su carta es un tanto confusa. Trataré de darle unas respuestas concretas.
1.ª Se ha hecho usted un lío. Lo del sistema Pal o sistema Secam, se refiere a la televisión en color, no a si los escotes televisivos han de de ser redondos o acabados en punta. Sin duda, su misma emoción ha originado este despiste.
2.ª Por beber determinado refresco no se tiene derecho a un viaje en globo. Los globos salen en ese «spot» a efectos decorativo-evasivos.
3.ª Debe usted distinguir entre la realidad y la ficción. Como ya sabe, «La brigada de los maleficios» está compuesta por dos señores y una moto con sidecar y sólo investiga cuando se trata de un caso con vampiros, o ninfas, o fantasmas, etc., etc. Es decir, cuando hay algo inexplicable. Por esta razón, dicha brigada (que además no existe en la realidad) nada tendría que hacer en el asunto Watergate ni tampoco en ese otro asunto, no extranjero, al que también hace referencia en su carta.

Amenidades lingüísticas

Los pintores españoles de los siglos XVI y XVII reproducían en sus cuadros las escenas históricas del momento.

Algunos artistas modernos, basándose en aquellas obras, las han distorsionado. Vea un ejemplo y coméntelo:

RUEDA DE PRENSA

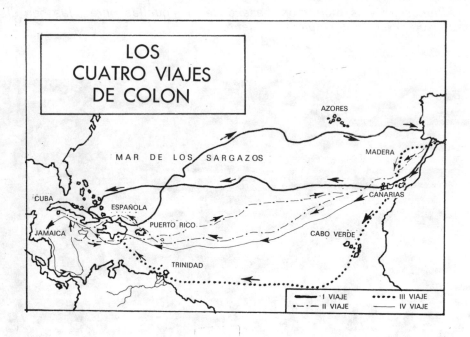

LOS
CUATRO VIAJES
DE COLON

AZORES

MADERA

MAR DE LOS SARGAZOS

CANARIAS

CUBA

ESPAÑOLA

PUERTO RICO

JAMAICA

CABO VERDE

TRINIDAD

▬▬▬ I VIAJE		● ● ● ● III VIAJE	
▬·▬·▬ II VIAJE		▬▬ IV VIAJE	

EJERCICIO.—*Describa las rutas de los cuatro viajes de Colón.*

Berlanga vive en las afueras de Madrid, en una casa confortable y espaciosa. Viste con estudiado anticonvencionalismo. *Su cabeza, coronada de abundante pelo gris,* le confiere un aire entre romántico y burlón. En conjunto, da la impresión de ser un hombre sólido, solitario, vital y nihilista.

—¿Qué es exactamente lo que pretende usted de mí?

—Sólo recoger su testimonio.

—Mi testimonio *tiene poco peso.* Soy un autodidacta.

—Todos los españoles son unos autodidactas.

—Sí, pero yo soy un autodidacta especial, soy un autodidacta frustrado. Tenía vocación de autodidacta puro, de esos que nunca han leído un libro y lanzan frases explosivas; pero una semicultura y una semicobardía frustraron ese ambicioso proyecto. Y ahora soy un hombre reprimido.

—Pero es usted un gran director de cine.

—No sé.

—«El Verdugo» es un film admirable.

—Es la más universal de mis películas. Trata de la libertad individual y éste es un tema que traspasa las fronteras.

—Tengo entendido que hubo dificultades con la censura.

—La tuvieron un año sin estrenar; luego la dejaron salir con once cortes.

—¿Qué opina de los actores españoles?

—Yo valoro mucho a los actores españoles, y la prueba está en que nunca elijo actores extranjeros para mis películas.

—¿Qué piensa usted del erotismo español?

—Pienso que es subterráneo en el sentido literal de la palabra, y que por esta razón cobra unas características literarias y falsas. En España falta la capacidad para este intelectualismo pasional que se llama erotismo.

—Su visión de España, la que se refleja en sus películas, parece proceder de un *estudio muy detenido* de su tipología.

—Eso que usted dice me confirma, una vez más, que el cine contiene por fuerza algún elemento mágico. Mucha gente cree que mis películas son como un *estudio anatómico* de los españoles: la verdad es que todo me sale por puro automatismo. Yo no he vivido en un pueblo de España *en la vida.* Cuanto sale de mis películas es pura invención.

—Se ha dicho que es usted un continuador de la picaresca.

—Siempre me he preguntado hasta qué punto nuestra picaresca es auténtica y hasta qué punto es sólo el resultado del placer literario de la creación.

—Así que no trata usted de reflejar la España auténtica.

—No existe la España auténtica.

—A lo mejor, a usted ni siquiera le interesa España.

—A mí España me interesa geográficamente, como a los hombres del 98. El protagonista de España es el paisaje español; respecto a los *«extras»* que cubren este paisaje me siento bastante escéptico. Creo que la única unidad que puede existir entre ellos es su común complejo de culpabilidad.

—Para terminar, ¿cuál sería su juicio sobre el cine español en general?

—El cine español ha sido uno de los fenómenos más *anodinos* de nuestro tiempo, y los que hemos tenido el valor de hacer cine somos hombres llamados a desaparecer.

(PANIKER, *«Conversaciones en Madrid».*)

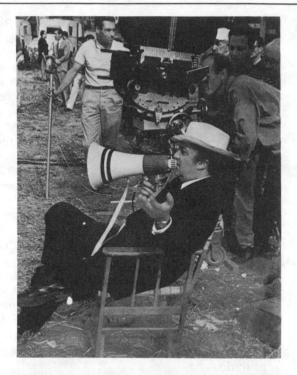

Comprensión y léxico

I. *Responda:*

1. ¿Cómo es Berlanga?
2. ¿Por qué dice que es un autodidacta frustrado?
3. ¿Qué dice Berlanga de su película «El Verdugo»?
4. ¿Cómo es el erotismo español según Berlanga?
5. ¿Responden las películas de Berlanga a la realidad?
6. ¿Es Berlanga continuador de la picaresca española?
7. ¿Le interesa a Berlanga la España auténtica?
8. ¿Quién es para Berlanga el protagonista de España?
9. ¿Cuál es la característica que une a los «extras» de las películas de Berlanga?
10. ¿Qué comentario hace Berlanga sobre el cine español en general?

II. *Amplíe su vocabulario:*

1. *Estudio detenido:* estudio detallado, minucioso.
2. *Estudio anatómico:* estudio por dentro.
3. *En la vida:* en el texto, jamás, nunca.
4. *Su cabeza, coronada de pelo gris:* con pelo gris.
5. *Tiene poco peso:* no tiene gran importancia.
6. *Del 98:* de la generación literaria de 1898.
7. *«Extras»:* personajes que no son protagonistas.
8. *Anodinos:* insignificantes, que no tienen nada de particular.
9. *Berlanga:* conocido director de cine español.

III. *Según el texto, dé la opinión del autor sobre:*

1. Los españoles son ....
2. Los actores españoles ....
3. El erotismo español ....
4. La España auténtica ....
5. El protagonista de España ....
6. El cine español ....

Aspectos gramaticales

I.

> QUE
> EL HECHO DE QUE ⎱ vengas me parece bien.
> EL QUE

En las frases encabezadas por «*QUE*», «*EL HECHO DE QUE*», «*EL QUE*» se usa generalmente el Subjuntivo.

II.

a) Lo diré todo ⎰ MENOS QUE
EXCEPTO QUE ⎱ has/hayas estado aquí.
SALVO QUE

b) Me lo explicaron todo MENOS QUE había/hubiera venido.

Con las expresiones «MENOS QUE», «EXCEPTO QUE», «SALVO QUE» puede usarse Indicativo o Subjuntivo.

III.

Todo te lo permito EXCEPTO QUE llegues a las tres.
Se lo prohibiré todo MENOS QUE fume.

Cuando dichas expresiones dependen de verbos de voluntad, como *permitir*, *prohibir*, etc., y verbos de sentimiento, como *lamentar*, *gustar*, etc., se usa siempre el Subjuntivo.

IV.

QUIÉN + *pasado de Subjuntivo* = *DESEO*

Ejemplo: ¡QUIÉN FUERA millonario!

Prácticas orales

I. *Complete:*

1. El que ....
2. El hecho de que ....
3. Que ....
4. El hecho de que ....
5. Que ....
6. El que ....
7. El hecho de que ....

II. *Termine las frases siguientes:*

1. Lo soportaré todo menos que ....
2. Os lo contaré todo excepto que ....
3. Nos lo dijo todo menos que ....
4. Se lo permitiré todo menos que ....
5. Me lo han prohibido todo excepto que ....
6. De ella me gusta todo menos que ....
7. Lo declararon todo menos que ....

III. *Construya frases de deseo, usando los siguientes verbos:*

1. ¡Quién ....! (saber)
2. ¡Quién ....! (tcncr)
3. ¡Quién ....! (poder)
4. ¡Quién ....! (pillar)
5. ¡Quién ....! (estar)
6. ¡Quién ....! (rejuvenecer)
7. ¡Quién ....! (volver)

Sección de Genealogía

En algunas revistas españolas aparecen regularmente explicaciones sobre la historia de los apellidos de los lectores que lo solicitan. Véase un ejemplo:

**MARÍA
AMELIA Z. DE AMAYA**

Cáceres

AMAYA

Linaje castellano de la villa de su nombre, en tierras de Burgos, con casa solariega en la Peña de Francia, en el hoy partido judicial de Miranda de Ebro, desde donde pasó a Aguilar de Campoo (en la provincia de Palencia), Asturias, Castilla, La Rioja, Andalucía, Extremadura y Portugal. Una de sus ramas pasó al Reino de Galicia, fundando casa solar en el Lugar y Coto de Amaya, que fue posesión de los condes de Lemos. Tienen probanzas de hidalguía ante la Real Chancillería de Valladolid, en 1528, 1552, 1558, 1622, 1673, 1675 y 1714.

Sus armas:

Las originarias son: en campo de gules, un águila en su color natural, picada de plata y armada de oro. Las otras casas usan armas completamente diferentes. Para ver si éste u otro escudo del linaje le corresponde a usted, sería necesario confeccionar un árbol genealógico.

CONCURSO CHISPA

En los concursos que todos los meses presenta nuestra revista tienen vigor las siguientes *bases:*

1.º Pueden concurrir todos los lectores de J 20.

2.º Hay que resolver todos los juegos propuestos y que en este número son los siguientes: *Los motoristas, el test de los nudos y vista a los cubos.*

3.º Con las soluciones hay que enviar el nombre y dirección del concursante, escrito con letra bien clara.

4.º Entre los acertantes que envíen sus respuestas antes de final de mes se sortearán *10 premiazos.*

LOS MOTORISTAS

Aquí tenemos cinco motoristas en plena carrera. Uno de ellos es el que está dibujado de nuevo en el cuadro de la parte superior izquierda. ¿Sabes cuál es?

«El cine es un arma magnífica y peligrosa si es un espíritu libre el que la maneja... Pido al cine que sea un testigo, un balance del mundo...» (Luis Buñuel.)

«Para muchos infelices cineastas ser internacional es imitar mal lo de fuera.»

Entre la personalidad creadora del «gigante» Luis Buñuel y los esfuerzos de unos pocos que, huyendo de la imitación, realizan películas «españolas», se desarrolla el cine hispánico que había nacido inspirándose en la Generación del 98.

EJERCICIO.—¿Reconoce usted alguna de las películas a las que pertenecen estos fotogramas?

Vientos del pueblo me llevan,
vientos del pueblo me arrastran,
me esparcen el corazón
y me aventan la garganta.

Los bueyes doblan la frente,
impotentemente mansa,
delante de los castigos:
los leones la levantan
y al mismo tiempo castigan
con su clamorosa zarpa.

No soy de un pueblo de bueyes,
que soy de un pueblo que embargan
yacimientos de leones,
desfiladeros de águilas
y cordilleras de toros
con el orgullo en el asta.
Nunca medraron los bueyes
en los páramos de España.

¿Quién habló de echar un yugo
sobre el cuello de esta raza?
¿Quién ha puesto al huracán
jamás ni yugos ni trabas,
ni quién al rayo detuvo
prisionero en una jaula?

Asturianos de braveza,
vascos de piedra blindada,
valencianos de alegría
y castellanos de alma,
labrados como la tierra
y airosos como las alas;
andaluces de relámpagos,
nacidos entre guitarras
y *forjados en los yunques*
torrenciales de las lágrimas;
extremeños de centeno,
gallegos de lluvia y calma,
catalanes de firmeza,
aragoneses de casta,
murcianos de dinamita

frutalmente propagada,
leoneses, navarros, dueños
del hambre, el sudor y el hacha,
reyes de la minería,
señores de la labranza,
hombres que entre las raíces,
como raíces gallardas,
vais de la vida a la muerte,
vais de la nada a la nada:
yugos os quieren poner
gentes de la hierba mala,
yugos que habréis de dejar
rotos sobre sus espaldas.

Crepúsculo de los bueyes
está despuntando el alba.

Los bueyes mueren vestidos
de humildad y olor de cuadra:
las águilas, los leones
y los toros de arrogancia,
y detrás de ellos, el cielo
ni se enturbia ni se acaba.
La agonía de los bueyes
tiene pequeña la cara,
la del animal varón
toda la creación agranda.

Si me muero, que me muera
con la cabeza muy alta.
Muerto y veinte veces muerto,
la boca contra la grama,
tendré apretados los dientes
y decidida la barba.

Cantando espero a la muerte,
que hay ruiseñores que cantan
encima de los fusiles
y en medio de las batallas.

(MIGUEL HERNÁNDEZ,
«Vientos del pueblo».)

Comprensión y léxico

I. Amplíe su vocabulario:

El lenguaje poético escapa a menudo de la comprensión general. Ésta es la razón por la que damos una posible interpretación de las imágenes que se presentan en el texto:

1. *No soy de un pueblo de bueyes:* significa que el poeta no pertenece a un pueblo servil, sino orgulloso. El servilismo lo simboliza en el buey; el orgullo en el toro, en el león y en el águila.

2. *Vascos de piedra blindada:* se refiere al carácter impenetrable e insobornable del pueblo vasco.

3. *Andaluces... forjados en los yunques torrenciales de las lágrimas:* intenta poner de relieve la penosa historia humana y social por la que ha pasado el pueblo andaluz.

4. *Extremeños de centeno:* quiere recalcar la aridez del campo de Extremadura.

5. *Gallegos de lluvia y calma:* alude al clima y a la placidez del paisaje gallego.

6. *Murcianos de dinamita frutalmente propagada:* quiere destacar la espléndida fuerza murciana manifiesta incluso en la abundancia de frutales que allí se producen.

7. *Leoneses, navarros, dueños del hambre, el sudor y el hacha:* se refiere al espíritu de trabajo de los pobladores de León y Navarra para superar la pobreza de la zona.

8. *Yugos os quieren poner:* quieren someteros a su voluntad.

9. *Crepúsculo de los bueyes:* el servilismo se acaba.

10. *Está despuntando el alba:* significa que empieza una nueva era de menor opresión.

II. Construya una frase en lenguaje general que defina a cada uno de los siguientes pueblos:

1. Los asturianos ....
2. Los castellanos ....
3. Los andaluces ....
4. Los gallegos ....
5. Los navarros ....
6. Los catalanes ....

Aspectos gramaticales

I.

Lo diré	PARA QUE	lo sepas
Salimos	A FIN DE QUE	ella pueda estudiar
Nos examinamos	DE MODO QUE	vean que tenemos interés
Vete	A QUE	te mire el médico

Las oraciones que expresan finalidad siempre se construyen en Subjuntivo porque introducen oraciones no experimentadas.

II.

Te prestaré el dinero CON TAL DE QUE me lo devuelvas.

No le diremos nada SALVO QUE tú nos des permiso.

A MENOS QUE la leas, no sabrás de qué trata la obra.

Les invitaremos SIEMPRE QUE quieran venir.

Además de *«SI»*, tenemos otras conjunciones que introducen oraciones condicionales. Estas conjunciones siempre exigen el uso del Subjuntivo.

III.

LO hice SIN QUE él me diera permiso.

No se puede fumar aquí SIN QUE te riñan.

«SIN QUE» siempre se construye con Subjuntivo.

IV.

ADMITIENDO QUE tengas razón ....

SUPONIENDO QUE vayas a ir ....

«ADMITIENDO QUE» y *«SUPONIENDO QUE»*, si tienen matiz condicional, exigen siempre Subjuntivo.

Prácticas orales

I. Complete:

1. .... para que ....
2. .... a que ....
3. .... a fin de que ....
4. .... de modo que ....
5. .... para que ....
6. .... para lo que ....
7. .... a fin de que ....

II. Termine las frases siguientes:

1. Quiero esto para que ....
2. Querré esto para que ....
3. Querría esto para que ....
4. Quería esto para que ....
5. Habían querido esto para que ....
6. ¿Quieres esto para que ....?
7. Quisimos esto para que ....

III. Complete:

1. .... con tal que ....
2. .... salvo que ....
3. A menos que ....
4. .... siempre que ....
5. Admitiendo que ....
6. Suponiendo que ....
7. .... con tal que ....

Variedades del lenguaje

Crónica de sucesos

Los periódicos de sucesos, de gran tirada en España, reproducen los acontecimientos relacionados con el crimen, robo y similares. Llama la atención la manera en que son tratados tanto el autor del hecho como la víctima.

Alicante:

DETENIDO OTRO DE LOS ASESINOS DEL INDUSTRIAL MALAGUEÑO

Uno de los presuntos autores del asesinato de un industrial en Torremolinos —de cuyo hecho dimos recientemente amplia información en este semanario— ha sido detenido en Benidorm por fuerzas de la Guardia Civil.

Se trata del tunecino Rachid Harum Eben, de treinta años, cuya captura se produjo al ser denunciado por un turista inglés, al que había sustraído unas cuantas libras esterlinas en plena playa.

Al ser interrogado se sospechó que pudiera estar involucrado en otros asuntos de mayor entidad, por cuya razón se envió a Málaga su fotografía, donde se encuentra detenido (como ya informamos a su tiempo a nuestros lectores) otro de los tres implicados en la muerte del industrial malagueño, confirmándose desde Málaga las sospechas que sobre él recaen.

La Policía continúa, en estrecha colaboración con la Guardia Civil, las investigaciones para dar con el paradero del tercer delincuente que intervino en la criminal acción.

Amenidades lingüísticas

A discurrir, amigos

Cuatro pescadores están pescando en un río, a la sombra de un árbol cada uno y habiendo cobrado todos una pieza. Llevan sendas prendas en la cabeza y casualmente están colocados por orden de edad, siendo el primero, el más joven.

D. *Navarro* ha cobrado un *barbo.*
El *segundo* lleva una *boina.*
Él que lleva en la cabeza un *pañuelo* es más joven que el que ha pescado una *carpa,* y nació antes que D. *Ríos.*
El que lleva *capucha* ha pescado una *trucha.*
D. *Vidal* lleva puesta una *gorra.*
D. *Soto* ha cobrado un *salmón.*
El que está a la sombra de la *acacia* nació después que el que está a la sombra del *sauce* y además es más viejo que D. *Navarro.*
Bajo el *álamo* está D. *Ríos.*
Dinos qué pescó el que estaba bajo el *chopo,* y completa el esquema:

	1	2	3	4
Nombre				
en la cabeza				
Pieza				
Arbol				

Entre quienes envíen la solución correcta a este problema se sortearán *cinco premios* muy interesantes. Enviar las soluciones a *Chispa-Test de Deducción,* Paseo San Juan Bosco, 62, Barcelona 17.

La Generación del 98 en España

Ahora que se ha puesto entre nosotros en irresistible moda todo eso de la regeneración de España, vuelven a oírse dos viejos estribillos, sin más que el cambio de tonada. Son ellos las dos famosas sentencias de «menos política y más administración» y «más industriales y menos doctores», sentencias que han partido de políticos la primera y de doctores la segunda. Como sería responder a juegos de palabras con otros tales juegos si dijese que toda administración pública es política y doctor todo industrial, me dejo por ahora de logomaquias, pasando a examinar el segundo de los tan acreditados aforismos.

Nuestra última derrota ha producido entre los españoles que leen un movimiento de admiración hacia los *yankees,* nuestros vencedores, y aun hacia los anglosajones en general. Todo se nos vuelve recomendar que se les imite. No se oye hablar más que de espíritu positivo, de educación práctica, de *self-helping* y *self-making* y de otras cosas análogas. No sé cómo no se han traducido y popularizado en España el libro francés de Demoulins acerca de la supuesta superioridad de los anglosajones y el *Pushing to the front,* de Orison Swett Marden.

En el hasta hoy último plan de segunda enseñanza se han dejado sentir en parte los efectos de este movimiento, que si tiene mucho de sano, mucho tiene también de ilusorio y mucho que podría llevarnos a graves prejuicios, tanto como de otra clase, económicos.

(UNAMUNO, *España y los españoles.*)

Lista de palabras

A

aberturas
abolición
abordaje
abrazar
abrigar
abrochar
abruptos
absoluta
absurdo
abundante
acabado
acantilado
acceso
aceite
acelerada
acelerar
acento
aceptación
aceptar
acero
acierto
acontecimientos
actores
actos
acuerdo
acumularse
adentro
admirable
admiración
adobes
adolescencia
adornados
adquirir
adulterio
adverso
advertencia
afecto
afectuoso
aficionados
afligir
afuera
agencias
agitar
agonía
agrandar
agrarias
agresividad
agricultura
agrupados
aguantar
aguardar

águilas
airosos
aislados
ajeno
ajetreada
alba
alboroto
alcance
aldea
aleccionador
alejar
aletas
alhajas
aliados
aliento
alimentación
alisio
almacén
almibarada
alquerías
alquimista
alrededor
altamente
alterar
alternar
alternativa
alusiones
amarrada
Amaya
ambición
ambicioso
ambiente
ambigüedad
ambos
Amehuac
amenizar
ampliados
anatómico
anchura
andaluces
angustia
angustiados
angustiarse
ánimos
anodinos
ansiar
antemano
anticlerical
anticonvencionalismo
anticuados
antigolpe
Antillas
antiturista

Antonio Machado
aparente
apasionada
apearse
apedrear
apellidos
aplaudir
apoyo
aprecio
aprovisionamiento
apuntar
apuro
árabe
aragoneses
arbóreo
arbustivo
Arcadio
arcaica
ardiente
ardorosa
argentino
árida
aristocrático
aritmética
arma
armadura
armazón
aro
arquitectónicos
arraigada
arrastrar
arrogancia
arrogante
arroyos
arruinados
arruinar
artísticos
asado
ascender
asemejarse
asentir
asfalto
asignado
asimilado
asomarse
asombro
asombroso
áspera
aspirante
asta
asturianos
atajados
atenuada

atestiguar
atractivo
atravesar
aturdir
aumentar
Aureliano
ausente
auténtica
autenticidad
autodidacta
automatismo
automóvil
autonomía
autoridad
autoritario
autostopista
avalancha
avaricia
aventar
aventurarse
aventuras
azotes

B

bacalao
balsa
bancario
banda
bandada
banderas
barbudo
barraca
barrios
barro
barrotes
basarse
básico
bastar
bastones
batallas
beneficios
besos
bestias
bienestar
bilingüismo
blancura
blindada
boda
bondad
boquiabierto
borracho

bostezar
botín
botones
braveza
bravos
bravura
brigada
brillante
broma
bruscamente
Buendía
bueyes
burlar
burlón

C

caballero
cabecear
cabida
cabo
cactus
cadena
calcificado
calderas
calí
calificaciones
calma
callejero
callejones
camino
camión
cáncer
cantos
caña
capa
capacidad
capaz
capitales
captura
carácter
característico
,caracterizar
carcajadas
carecer
caricatura
caridad
cariz
carmín
carretero
carricoche
carro
casamiento
cascote
casita
casos
casta
castellanos

castigar
Castilla
castizos
castos
castro
catalanes
catalejo
Catalina
cátedras
católicos
caudal
celadores
celebración
célebre
celtibéricos
censura
centeno
centralizado
centralizar
ceñida
cera
cerdo
cereales
ceremonia
cereza
cerros
certámenes
certeza
ciencia
ciertos
civilización
civilizados
clamorosa
claros
claroscuro
clasistas
clemencia
clerical
cliente
cobarde
cobrador
cobrar
cobre
cocción
cocido
cocinero
cochinillo
codicia
cohombro
cojo
colchonero
colchoneta
colegial
colinas
colisiones
colmenares
colocar
colocarse
Colombia

colonización
colorada
comarca
cómico
compañera
comoás
compensaciones
complejo
complicarse
comprobación
comunidad
concebir
concepción
concertado
conciudadano
concuñado
condenadas
condes
condición
conferir
conflictos
confluir
conformidad
confortable
conjunto
conjuro
conmover
conocimiento
conquistadores
conquistar
consagrado
conservación
conservadora
conservarse
considerable
consideración
considerar
consistir
consolar
constante
constantemente
constar
constituir
constructor
consumar
contemplación
contemplar
contenerse
continente
continuación
continuador
continuamente
contra
contraindicado
contratante
contrayentes
contribuir
convencional
convento

conversación
convertirse
convivir
coplas
corazón
cordero
cordilleras
corneta
coronas
coronel
corpulento
corriente
corte
cortés
corto
cosechas
costas
costura
cotizaciones
coto
creación
creaciones
crecimiento
creencias
crepúsculo
cretense
crimen
criollos
cristiano
crónica
crudo
cruel
crujiente
crujir
cruzarse
cuadra
cubierta
cuello
cuestión
cueva
culinario
culpabilidad
curiosidad

CH

chaval
chelín
chiquilladas
chiquillo
chorizo
chumbera

D

daño
debido

débil
decenio
decepción
decepcionado
declaración
dedicado
defensa
definición
definir
defraudar
delantera
delincuente
democracia
demostración
derivado
derivar
derribar
derrochador
desafinado
desafío
desandar
desaparecer
desarrollo
desarticular
desasosiego
desbarajuste
desbordado
descarados
descarga
descargador
desconocidos
descripción
descuartizar
descubiertos
desdichada
desenclavarse
desembarcar
desenterrar
desequilibrio
desesperación
desesperado
desfiladero
desgracia
desgraciadamente
desgraciado
deshacer
deshumanizado
desierto
desigualdad
desinflar
desmesurado
desmoralizado
desorden
despedazar
desperdicio
desperezarse
despistado
despoblado

desprecio
destacar
destinados
destruir
desvivirse
detenerse
determinado
determinante
diarias
dictaminar
dicho
diferente
digno
dilapidar
diplomática
disciplina
diseñador
disfrazada
disponer
disposición
dispuestos
disputar
distancia
distar
distinguidos
distinguir
distintivos
distribución
distribuidos
diversidad
divinizar
divisar
divisas
dólar
dominar
dominical
doncella
donjuanesco
doquier
dueño
Dulcinea

E

económica
Edad Media
efectos
efigie
elegir
elementos
elevado
El Greco
eliminado
eliminar
embajador
embargar
emigrar
emoción

empeñado
empeñarse
empinados
empobrecerse
empujar
empuñada
empuñadura
enamorarse
encanto
encargar
«encierro»
encinas
encogerse
enderezar
enemigo
energía
enfermedad
enfrentarse
enfundado
enjambre
enjaulados
enorme
ensanchar
entenderse
enterado
entonar
entretanto
entretenimiento
entrever
enturbiarse
entusiasmar
entusiasta
enumerar
envenenar
envés
equilibrio
equivaler
erotismo
escala
escandalosa
escapar
escapatoria
escarpado
escarpar
escéptico
esclarecido
escoger
escotes
escudo
escudriñar
esencial
esfera
espaciosa
espalda
espantable
espantar
espantarse
esparcir
especialidad

especialmente
especie
espejismo
esperanza
espinazo
espinudo
espíritu
espiritualidad
espontáneo
espuma
espumosos
esqueleto
establecer
establecido
estado
estampada
estancamiento
estepa
estereotipado
estímulo
estrenar
estrepitosa
estructura
estudiado
etapa
europea
evangelización
evangelizadora
evasivos
eventuales
evidentemente
evocar
exaltación
excelencias
excepcional
excepciones
exclamación
exento
exhibir
existencia
existente
existir
expansión
explicarse
explosivas
explotación
explotar
exponente
exportación
expresamente
expresión
expulsado
extenso
externo
extraña
extraordinario
extravagantes
extremeños
extremo

F

Fabián
factor
falsear
falsos
fama
familiares
fantasma
fantasmada
favorecer
favorita
Felipe V
fenómenos
feracidad
fermentar
festejo
festivo
ficciones
fiereza
figurar
film
firmamento
firme
firmeza
físicas
flaco
flamenco
florín
flotantes
fomentar
forasteros
forestal
forjados
forma
fórmulas
fosforescente
franja
fraude
freír
frituras
frustrado
frustrar
frutales
frutalmente
fuego
funcionarios
fundamentales
fundar
fusilamiento

G

galgo
gallardas
gallegos
ganado
garganta

gazpacho
generación
generalmente
generoso
genésico
genio
geografía
globos
gobernador
gobernar
gobierno
golosos
góticas
gozar
gozo
gradería
grama
grandeza
granito
grasas
gritos
groseros
grotesca
grupo
guardabarros
guerras
Guisando
guisar
gules
guturales

H

habilidad
habitantes
halagadores
hambrientos
hartos
haz
hazaña
hectáreas
hembra
herbívoro
herencia
herméticamente
herramientas
hidalgos
hidalguía
hielo
hispanófilo
hoces
honores
honradez
honrado
horizonte
humano
humillante
humillar

hundidos
huracán
huracanado

I

Iberoamérica
iberoamericano
identificarse
ignorar
ilusión
ilusorios
imaginación
imaginaria
imán
imantados
imitar
imperio
implantación
implicar
impopular
imposibilidad
impotente
improvisado
impulso
inagotable
inca
incautos
incesante
inclusive
incluso
incoloro
incompleta
incultivables
independentista
indiferencia
indígena
indio
individual
industrialización
inestabilidad
inevitable
inexacta
inexplicable
infancia
influencia
ingenio
ingredientes
ingresos
iniciar
inmemorial
inmenso
inmodestia
inmoralidad
inmóvil
innato
innumerables
inocentes

irreprochables
insectos
insinuación
inspiración
institucionalizar
instituciones
insustituibles
intacto
intelectualismo
intensa
intentar
intentos
interior
intermedias
interraciales
interrumpir
introducido
inútil
inutilizar
invención
inventos
investigar

J

jamón
jaula
jazz
jinete
jornada
jubilarse
judicial
judíos
justicia
justificar

K

Kon-tiki

L

labor
labrador
labranza
laderas
lágrimas
lamentablemente
lamentar
lana
«lanchiña»
lanzar
lastimar
latas
latifundio
latifundista

látigo
latir
laurel
lecho
legendario
lejano
lema
lenguaje
leonés
leoneses
levas
leyenda
libertad
libra
lidia
ligada
lija
limítrofes
linaje
lingotes
lira
literal
literarias
local
locura
lógica
lograr
longitud
lunares
lupa

LL

llanura
llorar

M

madurez
maleficios
maletilla
maná
mangas
manteca
marco
mecerse
mediterránea
medrar
mejorar
melancólicamente
Melquíades
memoria
mención
mencionar
mendicidad
mente
menudencias

merecida
mesetas
mestizo
meta
metálicos
mexicanos
México
Michoacán
miedo
miembros
milagro
milenaria
minería
minero
mínimo
ministro
minuciosa
minutos
miserable
miseria
misión
mistificación
mito
moderada
modismos
modisto
modo
momento
monarca
monarquía
montantes
monte
montón
mordiscos
morenazos
morisca
mortalidad
Moscú
mostrar
mudéjares
muelle
muerte
muestra
mujeriegos
mulatos
mulo
multitud
mundialmente
muñecas
murcianos
mutuamente

N

nacer
nacimiento
nacional
nacionalizar

Nápoles
navaja
navarros
negligencias
negocios
nerviosismo
niebla
nihilista
ninfas
niñerías
niñez
noción
nómada
normal
normalmente
noticias
noviazgo
nula
numeroso
nupciales

O

obediencia
objeto
obligados
occidente
odiar
ojeada
olas
oliva
ondulaciones
opinar
optimismo
opuesta
oratorios
organización
órganos
orgullo
orientado
origen
originar
originarios
oro
otorgar
óxido

P

Pacífico
paisaje
palmas
palmo
Pamplona
pañolones
páramos
paroxismo

parte
participar
partidario
pasatiempo
pasional
pasiones
pastor
pastoril
pata
patente
patilludos
patógeno
patria
patriótica
«payo»
paz
peculiares
pecho
pedazo
peineta
pelaje
pelear
peligroso
pelotón
pendiente
península
peninsular
peones
percibir
período
permiso
perseguidos
perseguir
personalidad
personificar
perspectiva
perteneciente
peruano
petrolífero
pianolas
picaresca
piedras
piel
pintoresco
piropeador
piropo
pistola
pitos
placer
planeta
planta
plata
plateresco
plena
poderío
polilla
polinesios
política
poniente

popa
populacho
popular
popularidad
porte
posesiones
posición
postrimerías
pote
preciado
precipitados
precipitarse
precisamente
preciso
preferido
pregonar
prehistóricos
preocupar
preparación
presa
presencia
presenciar
prestado
prestar
pretender
pretexto
preveer
previstos
primario
primordial
prisionero
privada
privilegiado
proceder
proceso
procurar
profesional
profundidad
promiscuidad
prontamente
propagada
propaganda
propio
proponerse
proporción
propósito
prosperar
protagonista
protagonizada
provecho
provincias
provisiones
provocada
provocar
proyecto
prudencia
prueba
psiquiatría
puchero

pulido
puntales

Q

queja
Quijote

R

ras
rasgar
rastro
rayo
razas
real
reales
rebuznos
recetas
recinto
recitales
recitas
recoger
recogidas
reconquista
recostados
recubrir
recuperar
reino
reinos
refinamiento
reflejo
refranero
refugio
regentado
régimen
región
reincorporarse
relativas
relicario
relieve
religioso
relucir
remo
remontar
remota
renacimiento
reñir
repetidas
repletas
representante
reprimidos
rescatados
residuos
resistir
respecto
respeto

resquebrajarse
restante
resto
restringida
resultado
resumen
resumir
retirarse
retraso
retratos
reventarse
revista
ridículo
rincón
riñas
riñones
risa
ritos
Robledo
roca
rodar
románticos
romero
roncar
ronda
ropas
ruina
ruiseñores
rutas

S

sabiamente
sabio
sabores
sacerdotal
salud
salvaje
Sancho
sangrientos
sátira
sazonar
secano
secreto
sectores
seguridad
seleccionar
selecta
selvas
semanario
semejantes
semicírculo
semicobardía
semiculturas
semillas
seno
sentido
sentimentales

sentimiento
señas
señorial
señorito
serenar
serenidad
serie
serrano
severo
sevillano
sexuales
sidecar
siderúrgico
sierra
significado
similares
simples
sinagoga
sinrazón
sistema
situación
sobriedad
social
sociales
socialismo
socializar
socorrer
socorro
solar
solariega
soldados
soleada
solemne
sólido
solitario
sombrío
sonreírse
soñoliento
soportar
soportes
sorpresas
sosiego
sospechar
suavemente
subconsciente
súbditos
sublimar
subsistencia
subsistentes
subsistir
subterráneo
sucesos
Sudamérica
sudeste
sudor
suerte
sugestivo
suicidio

sujetar
sumamente
sumergir
superficie
suponer
suposiciones
suprimir
surcada
surgidos
surgir
suscitar

T

tabernas
tabernero
tácitamente
tajo
tamaño
tambores
tarea
tarifa
tartamudo
tartera
tasas
tascas
taurino
techo
telares
temblar
temerarios
temeridad
temibles
temprano
tenazas
tendencia
tendidos
tenorio
tensión
teñidos
terriblemente

territorio
tesoro
testificar
testimonios
tiburón
tierna
típicamente
tipo
tipografía
tipología
tiránico
Toledo
tolerar
tomillo
tonterías
Topolobambo
toreo
torero
torrenciales
toser
tostado
trabas
trabuco
tradición
traidor
trajeado
trampa
tranquilidad
transformar
transición
trashumante
trasparencia
traspasar
tremendo
triángulo
trinchar
tripulante
triste
tropezar
tropical
trovador
turbante

turnarse
turquesa
tutela

U

únicamente
universal
untar
urbanización
urgencia
utensilios

V

vagabundo
vagar
vaivén
valencianas
valerosos
válidos
valorar
vallisoletanos
vampiros
vaqueros
variadas
variedades
varón
vascas
vascos
vasijas
vasta
vega
vegetales
velozmente
vencer
Venezuela
verdadero
verdugo
vergüenza

verónicas
versión
vértice
viceversa
viciados
víctima
viento
vigilada
vigilancia
vigilantes
vigor
vilo
vinculado
violaciones
violencia
violento
virginidad
visión
visitante
vital
vitalidad
vitrinas
viviendas
vocablos
voladores
vuelco
vulgar

Y

yacimiento
Yucatán
yugos
yunques

Z

zambullida
zarpa
zurrón

Indice

ESPAÑOL EN DIRECTO

Nivel 1A (Sánchez, Ríos, Domínguez).

- Libro del alumno
- Cuaderno de ejercicios
- Libro con los ejercicios estructurales
- Guía didáctica
- 4 cassettes (ejercicios estructurales)
- 2 cassettes (diálogos) C-60
- 220 diapositivas

Nivel 1B (Sánchez, Ríos, Domínguez)

- Libro del alumno
- Cuaderno de ejercicios
- Libro con los ejercicios estructurales
- Guía didática
- 5 cassettes (ejercicios estructurales)
- 1 cassette (diálogos) C-60
- 168 diapositivas

Nivel 2A (Sánchez, Cabré, Matilla)

- Libro del alumno
- Cuaderno de ejercicios
- Guía didáctica
- Libro con los ejercicios estructurales (2A y 2B)
- 3 cassettes de ejercicios estructurales (2A y 2B)
- 1 cassette con los diálogos

Nivel 2B (Sánchez, Cabré, Matilla)

- Libro del alumno
- Cuaderno de ejercicios
- Guía didáctica
- Libro con los ejercicios estructurales (2A y 2B)
- 2 cassettes con los textos de lectura

Nivel 3 (Sánchez)

- Libro del alumno